中国核学会科学家画册·理事长系列

姜圣阶

中国核学会编写

中国原子能出版社

图书在版编目(CIP)数据

姜圣阶/中国核学会编. —北京:中国原子能出版社,2021.1 (2025.10重印)
(中国核学会科学家画册.理事长系列)
ISBN 978-7-5221-0925-1

Ⅰ.①姜… Ⅱ.①中… Ⅲ.①姜圣阶-传记-画册
Ⅳ.①K826.11-64

中国版本图书馆CIP数据核字(2020)第187339号

中国核学会科学家画册理事长系列·姜圣阶

出版发行 中国原子能出版社（北京市海淀区阜成路43号 100048）
策划编辑 王 朋 付 真 付 凯
责任编辑 付 真
封面设计 马世玉 赵 杰
书籍设计 赵 杰 崔 彤
责任校对 宋 巍
责任印制 赵 明
印 刷 北京厚诚则铭印刷科技有限公司
经 销 全国新华书店
开 本 889mm×1194mm 1/12
印 张 11
字 数 132千字
版 次 2021年1月第1版 2025年10月第2次印刷
书 号 ISBN 978-7-5221-0925-1 **定 价** 120.00 元

网 址:http://www.aep.com.cn E-mail:atomep123@126.com
发行电话:010-68452845

《中国核学会科学家画册·理事长系列》

编委会名单

总　序

核科学技术作为国家战略性高科技，在保持国家核战略威慑力量、促进能源结构调整、带动高端装备制造业升级、提高综合国力等方面，具有极其重要的战略地位和作用，党和国家始终高度重视。中国老一辈的核科技工作者们以报效祖国的热情和坚韧卓绝的意志，开创了“两弹一艇”的宏伟事业，为中华民族屹立于世界之林奠定了基础。一代代核科技工作者，用忠诚、信仰、学识、青春甚至生命，铸就了爱国、创新、求实、奉献、协同、育人的中国科学家精神。不管时代如何变化，这种精神始终能够薪火相传并愈加焕发出勃勃生机，召唤激励着更多科技工作者披荆斩棘、砥砺前行。

1980 年，为配合改革开放和对外交流的需要，促进中国核科学技术的发展，中国核学会应运而生，第一届理事会中共有 8 名“两弹一星”功勋奖章获得者，为中国核学会的发展奠定了一流的学术基础和优良的工作传统。近 40 年来，在历任理事长王淦昌、姜圣阶、汪德熙、钱皋韵、王乃彦、李冠兴院士等老一辈科学家的倡导和培育下，中国核学会发展成为一个拥有近万名个人会员、189 家会员单位、8 个工作委员会及 43 个专业分会，联系 23 个省核学会的全国性科技社团，参与组建了中国科协创新融合学会联合体及清洁能源学会联合体，在推动我国核科技产业发展方面发挥了积极作用。

今天，在全球倡导绿色能源和低碳经济的时代背景下，我国的核事业迎来了新的发展机遇。中国核学会立足国家大力发展核科技事业的良好契机，按照第九届理事会确定的“积极向‘国际一流学会’迈进”的目标，坚持为科技工作者服务、为创新驱动发展服务、为提高全民科学素质服务、为党和政府科学决策服务，把广大核科技工作者的积极性、主动性和创造性凝聚到建设创新型国家的伟大事业中来。

我们编写《中国核学会科学家画册》系列丛书，旨在纪念为中国核学会发展付出心血的核科技工作者，记录近40年来中国核科学事业不断探索前进的脚步，推动科学家精神更为广泛地传播，鼓舞和鞭策青年一代更好地承担历史使命。同时，我们也希望此丛书能向社会展示中国核学会和广大核科技工作者们为国家和社会发展做出的贡献，从而使更多的人理解和支持学会的工作，吸引和团结更多的人加入核科技工作者的队伍，共同谱写科技事业新的华彩乐章，汇聚起建设世界科技强国的磅礴力量！

王寿君

全国政协常委

中国核学会党委书记、理事长

2020年7月7日

前　言

姜圣阶是中国科学院院士（中国科学院学部委员）、中国核学会第二届理事长和第三届名誉理事长、国家核安全专家委员会主任，第六届、第七届全国人大代表。

1915 年 11 月 14 日（农历），姜圣阶出生在黑龙江林甸县一个贫苦的农民家里，祖籍是山东海阳县，他毕生追求科技兴国，1936 年从天津河北工学院机电工程系毕业。1947 年开始在世界著名的美国哥伦比亚大学研究院学习化学工程，副读原子科学，三年后取得了哥伦比亚大学研究院化学工程科学硕士学位。1950 年回国，1956 年加入中国共产党。

1936 年至 1962 年间，姜圣阶主要致力化学工业，先后在四川永利川厂、南京永利宁厂、南京化学工业公司和华东化工研究设计院等单位工作，担任过总工程师、院长等职。他在无机化工和核化工领域有一系列创造性的重大科技成就，曾因完成百余项化工技术革新而受到国务院的特别嘉奖。1963 年他奉命参加“两弹”工作，担任过二机部副部长、核工业部科技委员会主任等职。他作为技术总负责人，组织了我国第一座大型军用生产反应堆、第一座核燃料后处理厂的建造和运行，为“两弹”研制作出重要贡献。他曾获国家科技进步奖特等奖和国家发明奖二等奖，还曾荣获法国总统颁发的荣誉军团骑士勋章。

姜圣阶是一位学识渊博、治学严谨的有威望的科学家，也是和平开发核能、发展核电事业的积极倡导者和实践者。他曾积极指导秦山核电站及其配套核燃料循环的研制和建设，为推动核科技在国民经济各个领域的应用、培养造就我国的核科技人才、促进国际核能合作等方面发挥了重要的作用。他主持了国家核安全局的组建工作并出任第一任局长，为建立我国的核安全管理体系做了许多开创性的工作。

本书由付真、郑美玉执笔编写。

目录

第一章

学成报国 致力化工

学成报国 致力化工

1915年11月14日(农历),姜圣阶出生于黑龙江省林甸县范家屯的一个贫寒家庭里。小学毕业后，因家道贫寒，他选择了供给食宿的省立师范学校继续就学。深知上学读书的不易，他学习非常勤奋，成绩一贯优秀。老师们都认为少年姜圣阶是一位可资造就的人才。到了毕业那年，一向青睐他的数学老师缑寿侪应聘去北京一所中学任教时，把他带到北京，并每月接济他数块银元。姜圣阶先考入天津河北工学院预科，毕业后升入该院本科。在攻读大学课程的同时，又在一所中学里找到了一个教代数的职位，也有几元钱的收入。这么点微薄的经济收入，维持着他的学习生涯。

1936 年 7 月，姜圣阶以优异的成绩毕业，并被范旭东和侯德榜先生创建的当时中国最大的民族化工企业——南京永利铔厂（现南京化学工业公司的前身）录用。

1937 年，工厂由于生产化肥改做生产地雷和炸药，因而被日本侵略军炸毁而解散。姜圣阶想回东北老家，被侯德榜挽留去了湖北武汉，后来又在湖南待了一段时间，最后来到了四川乐山的永利川厂，干了 8 年。之后还去过汽修厂、小炼油厂。

1945 年抗战胜利后，姜圣阶被侯德榜任命为永利宁厂高压合成车间的主任兼主任工程师。

1947 年年底，范旭东、侯德榜想扩建工厂，于是派姜圣阶等五人去美国学习合成氨厂设计。姜圣阶在此期间萌生了继续深造的想法，并获得了工厂的批准资助，后考上了世界著名的美国哥伦比亚大学研究院。他师从该院院长、著名的化工专家芬奇（J.W.Finch）教授研究化学工程，副读原子科学。入学不久即赢得了奖学金，三年后获得化学工程硕士学位。

姜圣阶一心报效祖国，毕业后毅然放弃留美的机会，乘坐挪威货轮经过 3 个月，于 1950 年 10 月回到祖国，随身带回 5 大箱 2000 多册科技图书，捐献给了迎接他去当教授的天津大学。

姜圣阶学生时代

学成报国 致力化工

~~ H. I. T. ~~

姓名	别號	年歲	籍貫	通信處
彭兆咸	效忠	二十八	察哈爾蔚縣	山西廣靈縣復明久轉
李恩潭	惠林	二十八	河北豐潤	唐山西北三女河交
韓鏡清	鑑秋	二十八	河北東鹿	河北東鹿雙井轉師尹村交
周廣發	景春	二十七	河北豐潤	北寧路唐山溝東玉盛木廠
耿霖生	雨辰	二十七	河北阜城	河北阜城縣南關
閻中第	和甫	二十七	河北天津	天津河東錦衣衛橋大街同福胡同四號
王振聲	耀華	二十七	河北唐縣	河北省唐縣西連頤鎮
楊蔭田	伯豐	二十七	河北玉田	玉田縣錢家溝轉江査舖
徐連仲	瑞庭	二十六	河北豐潤	北寧路唐山西新軍屯轉榮國莊
劉德林	濟楨	二十六	河北高邑	平漢路高邑縣城西萬城村
尹銘新	時存	二十六	河北遵化	唐山北左家塢郵局交
溫之蕚	棣庵	二十六	河北饒陽	饒陽小堤村
蕭金璽		二十六	河北博野	河北安平縣中左村轉東陽村
董增澤	潤岑	二十六	河北寧河	蘆台鎮北街西首樹本堂
趙重文	質齋	二十六	河北豐潤	北寧路唐山西小張各莊轉北青坨
于長耀	光寰	二十五	遼寧遼中	天津西沽北洋工學院于長文轉
姜聖階		二十五	黑龍江林甸	黑龍江林甸縣東市場姜宅
孫東根	侶塵	二十五	河北南宮	南宮東街孫宅
馬國楨	任民	二十五	河北博野	保定城內法院街五十五號

—25—

姜圣阶于 1930 年在天津河北工学院上学时的入学登记表，他是黑龙江林甸人，时年 25 岁

1936 年，姜圣阶（二排左二）在天津河北工学院机电工程学系毕业班与全体同学合影

学成报国 致力化工

1936年，天津河北工学院同学为姜圣阶写的毕业留言：与余同室六载，相知最深。待人若春风云月，行事则磊落光明。忠诚慷慨，简朴耐劳。对于课业，则精研博求，莫不精熟。各项运动，俱为所长。诚所谓天才而兼努力者也。

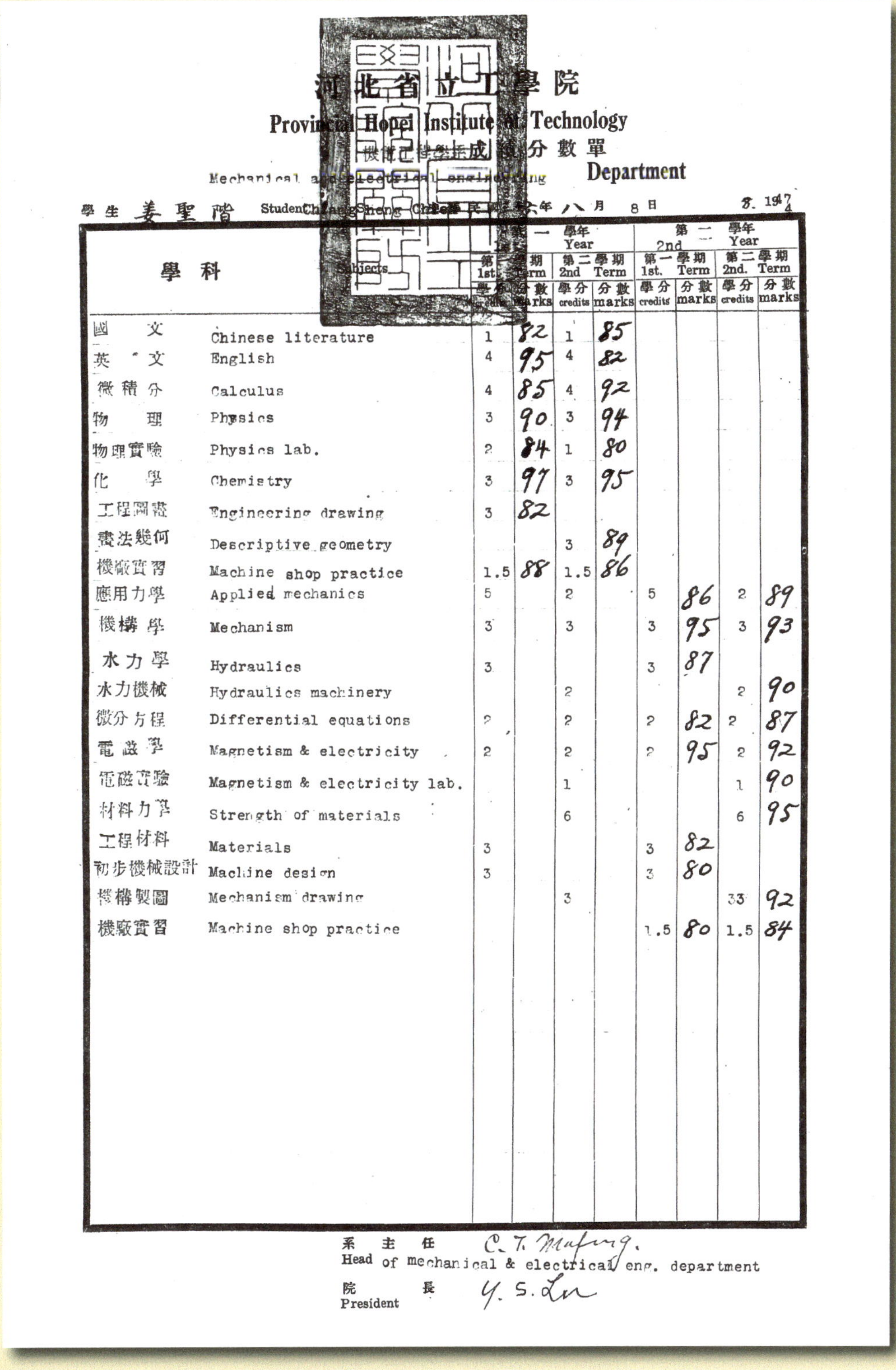

河北省立工學院

Provincial Hopei Institute of Technology

機械工程學系成績分數單

Mechanical and electrical engineering Department

學生 姜聖階 Student Chiang Sheng Chieh 中華民國三十六年八月8日 8. 1947

學科	Subjects	第一學年 1st Year 第一學期 1st Term 學分 credits	分數 marks	第二學期 2nd Term 學分 credits	分數 marks	第二學年 2nd Year 第一學期 1st. Term 學分 credits	分數 marks	第二學期 2nd. Term 學分 credits	分數 marks
國文	Chinese literature	1	82	1	85				
英文	English	4	95	4	82				
微積分	Calculus	4	85	4	92				
物理	Physics	3	90	3	94				
物理實驗	Physics lab.	2	84	1	80				
化學	Chemistry	3	97	3	95				
工程圖畫	Engineering drawing	3	82						
畫法幾何	Descriptive geometry			3	89				
機廠實習	Machine shop practice	1.5	88	1.5	86				
應用力學	Applied mechanics	5		2		5	86	2	89
機構學	Mechanism	3		3		3	95	3	93
水力學	Hydraulics	3				3	87		
水力機械	Hydraulics machinery			2				2	90
微分方程	Differential equations	2		2		2	82	2	87
電磁學	Magnetism & electricity	2		2		2	95	2	92
電磁實驗	Magnetism & electricity lab.			1				1	90
材料力學	Strength of materials			6				6	95
工程材料	Materials	3				3	82		
初步機械設計	Machine design	3				3	80		
機構製圖	Mechanism drawing			3				33	92
機廠實習	Machine shop practice					1.5	80	1.5	84

系主任 C. T. Mafung.
Head of mechanical & electrical eng. department

院長 Y. S. Lu
President

姜圣阶在河北工学院的成绩单

学成报国 致力化工

1988 年 10 月 10 日，姜圣阶（左）在河北工学院八十五周年校庆时和全国人大常委会副委员长雷洁琼、名誉院长潘承孝亲切交谈

姜圣阶（右二）在美国纽约哥伦比亚大学读硕士时与同学们在一起

姜圣阶在哥伦比亚大学学习期间

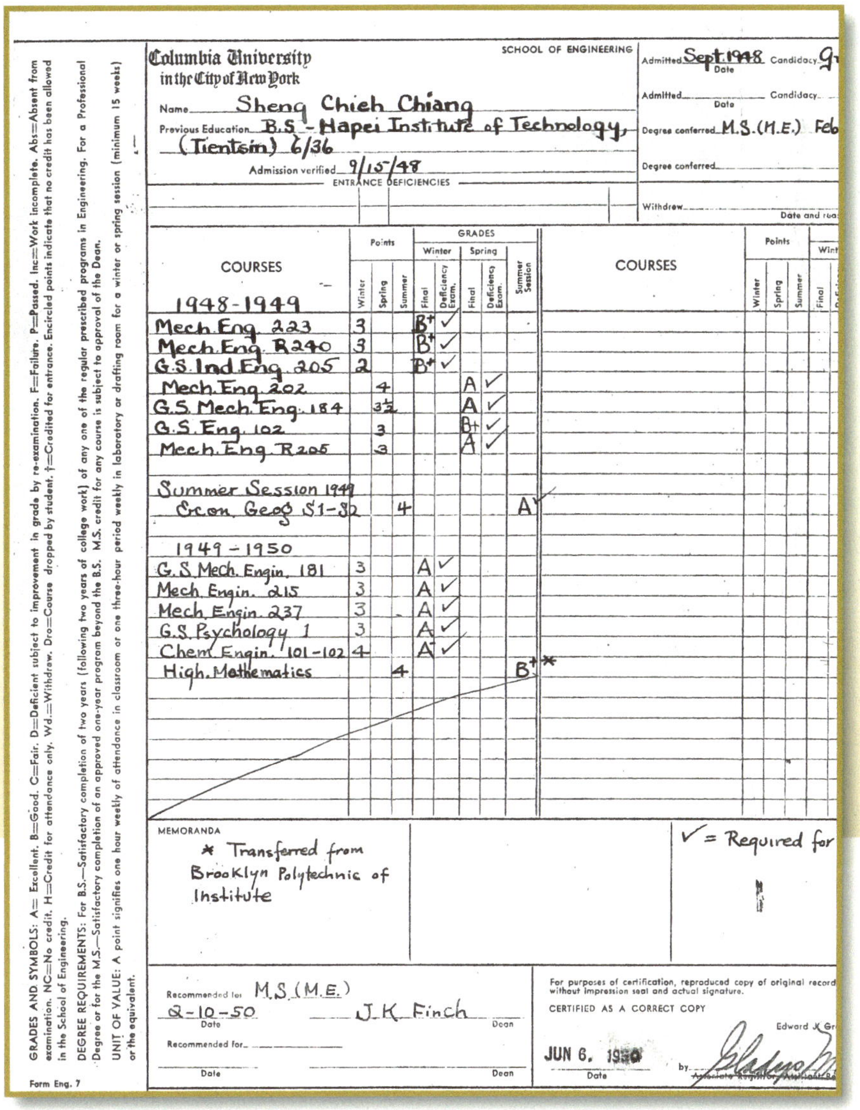

GRADES AND SYMBOLS: A= Excellent. B=Good. C=Fair. D=Deficient subject to improvement in grade by re-examination. F=Failure. P=Passed. Inc=Work incomplete. Abs=Absent from examination. NC=No credit. H=Credit for attendance only. Wd=Withdrew. Dro=Course dropped by student. †=Credited for entrance. Encircled points indicate that no credit has been allowed in the School of Engineering.

DEGREE REQUIREMENTS: For B.S.—Satisfactory completion of two years (following two years of college work) of any one of the regular prescribed programs in Engineering. For a Professional Degree or for the M.S.—Satisfactory completion of an approved one-year program beyond the B.S. M.S. credit for any course is subject to approval of the Dean.

UNIT OF VALUE: A point signifies one hour weekly of attendance in classroom or one three-hour period weekly in laboratory or drafting room for a winter or spring session (minimum 15 weeks) or the equivalent.

Columbia University in the City of New York

SCHOOL OF ENGINEERING

Name Sheng Chieh Chiang

Previous Education B.S - Hapei Institute of Technology, (Tientsin) 6/36

Admission verified 9/15/48

ENTRANCE DEFICIENCIES

Admitted Sept. 1948 Date Candidacy

Admitted Date Candidacy

Degree conferred M.S.(M.E.) Feb

Degree conferred

Withdrew Date and rea

COURSES	Points Winter	Points Spring	Points Summer	Winter Final	Winter Deficiency Exam.	Spring Final	Spring Deficiency Exam.	Summer Session
1948-1949								
Mech. Eng. 223	3			B+	✓			
Mech. Eng. R240	3			B+	✓			
G.S. Ind. Eng. 205	2			B+	✓			
Mech. Eng. 202		4				A	✓	
G.S. Mech. Eng. 184		3½				A	✓	
G.S. Eng. 102		3				B+	✓	
Mech. Eng. R205		3				A	✓	
Summer Session 1949								
Econ. Geog. S1-S2			4					A✓
1949-1950								
G.S. Mech. Engin. 181	3			A	✓			
Mech. Engin. 215	3			A	✓			
Mech. Engin. 237	3			A	✓			
G.S. Psychology 1	3			A	✓			
Chem. Engin. 101-102	4			A	✓			
High. Mathematics		4						B+*

COURSES | Points Winter | Spring | Summer | Final | Deficiency

MEMORANDA

* Transferred from Brooklyn Polytechnic of Institute

✓ = Required for

Recommended for M.S.(M.E.)

2-10-50 Date J.K. Finch Dean

Recommended for Date Dean

For purposes of certification, reproduced copy of original record without impression seal and actual signature.

CERTIFIED AS A CORRECT COPY

JUN 6, 1950 Date

Edward X. Gr

by Associate Registrar

Form Eng. 7

姜圣阶在哥伦比亚大学读硕士时的成绩单

南京建功 造福国家

新中国成立之初，首先必须解决吃饭这个民生问题，而提高粮食产量离不开肥料。于是，发展化肥生产变成解放初期中国化学工业的战略任务。

1950 年，在中国民族化工技术专家侯德榜先生的推荐下，姜圣阶毅然放弃了在大城市当大学教授的机会，来到了长江边上的江北小镇，就任当时中国最大的化肥厂——永利宁厂的副厂长兼总工程师。

为大力发展化肥工业，姜圣阶领导、组织了永利宁厂的扩建和技术改造工作。通过对合成塔芯结构改造，改用自行研制的高效氨合成催化剂，将合成氨的日产量由 39 吨提高到了 400 吨。后来，他又根据国情，设计并试制成功了中国第一台压强为每平方厘米 320 千克的高压容器，取得了设备制造工业技术上的重大突破。这对促进中国化肥工业、有机合成化学工业和炼油工业的发展，起到了积极的推进作用。为此，周恩来亲自签发了贺电和奖状，国务院同时颁发了 4 万元人民币奖金，表彰姜圣阶和有功人员。

在荣誉面前，姜圣阶十分谦虚，他把功劳归功于党和他一起从事设计、研制和实验的各个单位的同事们，奖金他分文未取。

到了 20 世纪 60 年代初，永利宁厂一片兴旺发达，已经逐步发展成为一个拥有研究设计院和若干生产分厂的大型化工联合企业——南京化学工业公司。姜圣阶的技术领导职务也从最初的永利宁厂副厂长兼总工程师提为南京化学工业公司副总经理兼总工程师。在学术领域，他被公认为中国化工界继侯德榜之后的一大技术权威；在领导职务方面，他被选为江苏省人民政府委员，列席第二届全国人民代表大会和全国政协第二届大会。

姜圣阶在北京留影

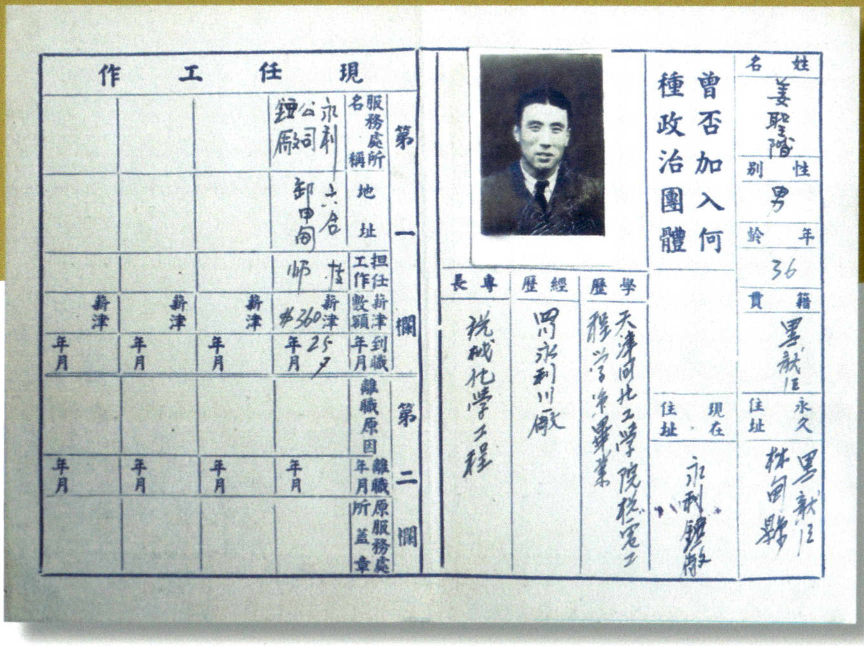

1952 年 7 月，姜圣阶在南京永利铔厂的工作证

南京建功 造福国家

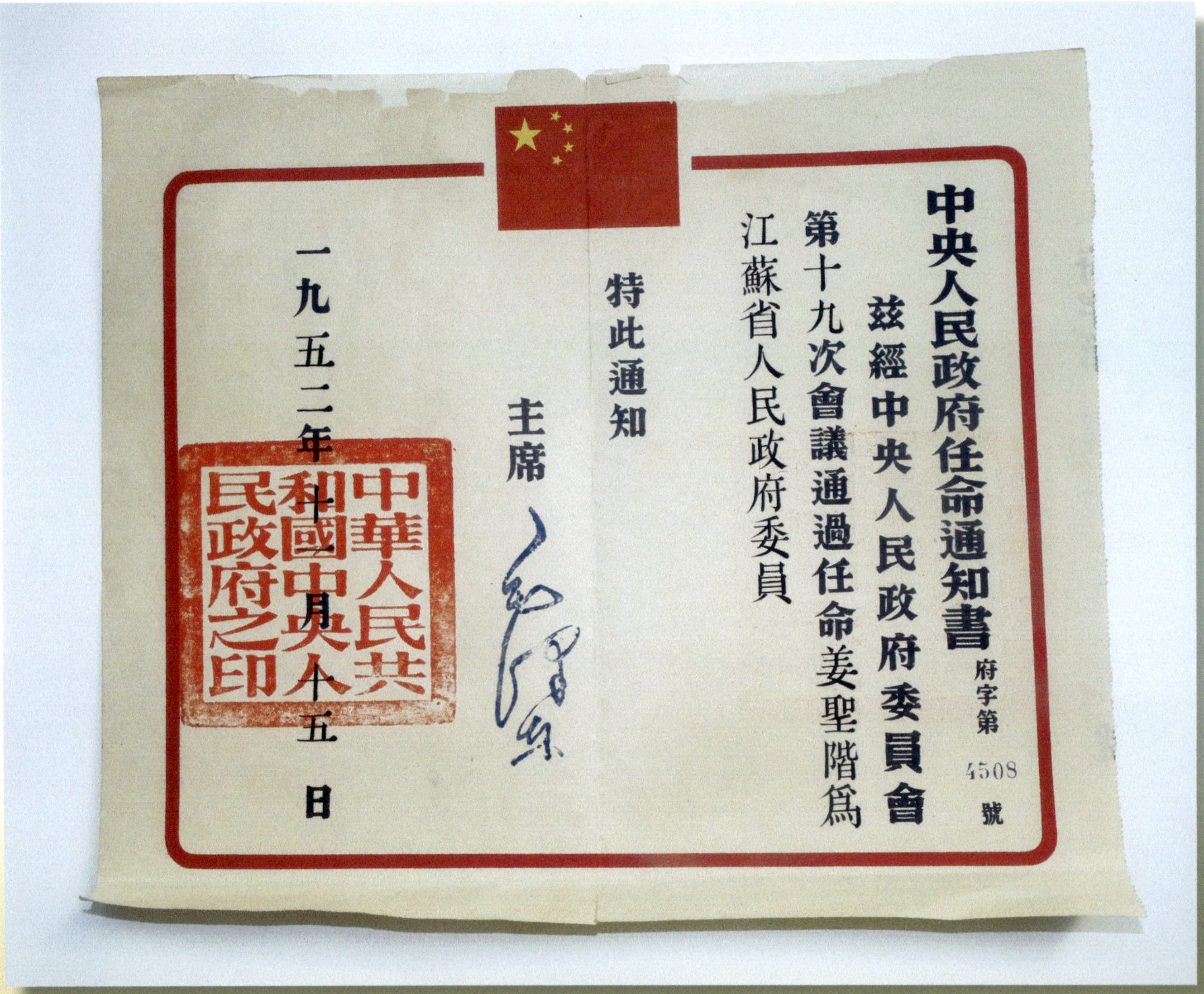

中央人民政府任命通知書

府字第 4508 號

茲經中央人民政府委員會第十九次會議通過任命姜聖階爲江蘇省人民政府委員

特此通知

主席 毛澤東

一九五二年十一月十五日

中華人民共和國中央人民政府之印

1952 年 11 月 15 日，姜圣阶被任命为江苏省人民政府委员

1956年，姜圣阶（左五）在捷克布拉格参加国际氮肥会议，会上他宣读了《无烟煤试烧制取氨合成原料气》的论文

南京建功 造福国家

1956年10月，姜圣阶（右二）在捷克布拉格国际氮肥会议上听报告

1956年10月，姜圣阶（后左一）在捷克布拉格国际氮肥会议期间与代表们合影

1956年10月，姜圣阶（右一）在捷克布拉格国际氮肥会议期间与代表们合影

姜圣阶（左一）与同事参加会议期间在捷克布拉格广场

《化学工业》1957年第1期（附《人民日报》为此而发表的社论）

多层式高压容器試制总結

姜 聖 階

目前，各国制造高压容器所採用的方法有三种：1)單層厚壁容器鍛造法；2)多層鋼帶纏繞法；3)多層薄板包紮焊接法。

过去很多国家均採用單層厚壁容器鍛造的方法，但近几年来採用該法的逐漸減少。多層薄板包紮銲接法即永利宁厂現在所採用的方法，它成是在1931年美国A. O. Smith厂首先試驗成功的，以后即在美国採用。据英美資料統計，自1931年到目前已制造出1000余个。多層鋼帶纏繞法是在1940年首先由德国的I. G.公司設計的，採用此法，可使較小的工厂制造出高压容器。这种方法目前在民主德国、西德、捷克、匈牙利等国都已採用。以上几种方法中，当以多層鋼帶纏繞法为最先进，但目前在国內对鋼帶的制造还存在困难。

多層薄鋼板包紮的制造方法与單層厚壁的制造方法比較，它具有以下一些优点：

（1）多層薄鋼板包紮焊接法制造出的高压容器，因应力沿壁厚的方向可以分佈得較为均匀，故器壁可以較薄，金属的消耗量約为生产相当單層厚壁容器的四分之一，而制造时間約可节省五分之四，全部机械加工仅約佔包紮工作量的5～10%，因此造价比較便宜。

（2）單層厚壁容器的制造方法是比較复杂和困难的，鍛造需要大型設备（如10000吨或更大的水压机，大型的起重設备等）。例如制造一个1200毫米內徑、12公尺長、350大气压的高压容器，它的淨重約70～80吨，在鍛造的时候就需要鋼錠230～250吨。像鑄造、鍛制、冷却时温度变化的控制，热处理和它的內部組成的种种缺陷的檢驗、發現和补救，容器內外加工和車制等等，存在着一系列的困难。加工工作量很大，人工較费，机械加工工作量佔鍛造的40～50%。因此，这种高压容器的造价是很貴的，多層薄板包紮銲接法所需要的設备比較簡單，一般中小型机械厂都可进行。

（3）多層薄板包紮銲接法制造的容器內層，可根据需要而採用貴重的耐腐蝕合金鋼材，其他各層用能承受压力的普通鋼板即可，可以节省貴重的合金鋼材。

（4）多層薄板包紮焊接法制造的容器在爆裂时，先呈現很大的变形，然后始有裂縫發生，易於發覺而加以及时的补救，因而可以不致造成災害；而單層厚壁容器在爆裂时，立即形成很多碎塊四散飞出，危險性很大。

1954年4月，我厂提出試制多層高压容器的建議，立刻得到了領导上的支持和鼓励，但所需的材料和鍛件一时不能得到供应，所以試制工作沒有迅速开展。1955年11月，原重工業部化工局又重申此項試制工作应迅速进行。1956年1月，国务院第三办公室召开了多層式高压容器試制技术座談会，有关部局对我們提供了許多宝貴的意見。於是，在中央和地方党委的关怀和領导下，我厂开展了多層式高压容器的試制工作。

多層式高压容器是由多層沒有銹疤而厚度均匀的薄鋼板制成的圓筒。在試制过程中，先做成一个圓而直的內筒，然后將各層圓形薄鋼板（4～6毫米）繼續纏繞在这个圓筒上，並利用机械方法使各層紧密結合。当每層鋼板纏繞紮紧后，留有相当的寬縫，以电焊焊接起来。由於电焊焊口的收縮，产生了予加应力，使各層鋼板之間的結合更为紧密。

在制造多層高压容器时，先制成数节，然

姜圣阶带领大家研制成功高压容器，提高了化肥生产量后写的《多层式高压容器试制总结》

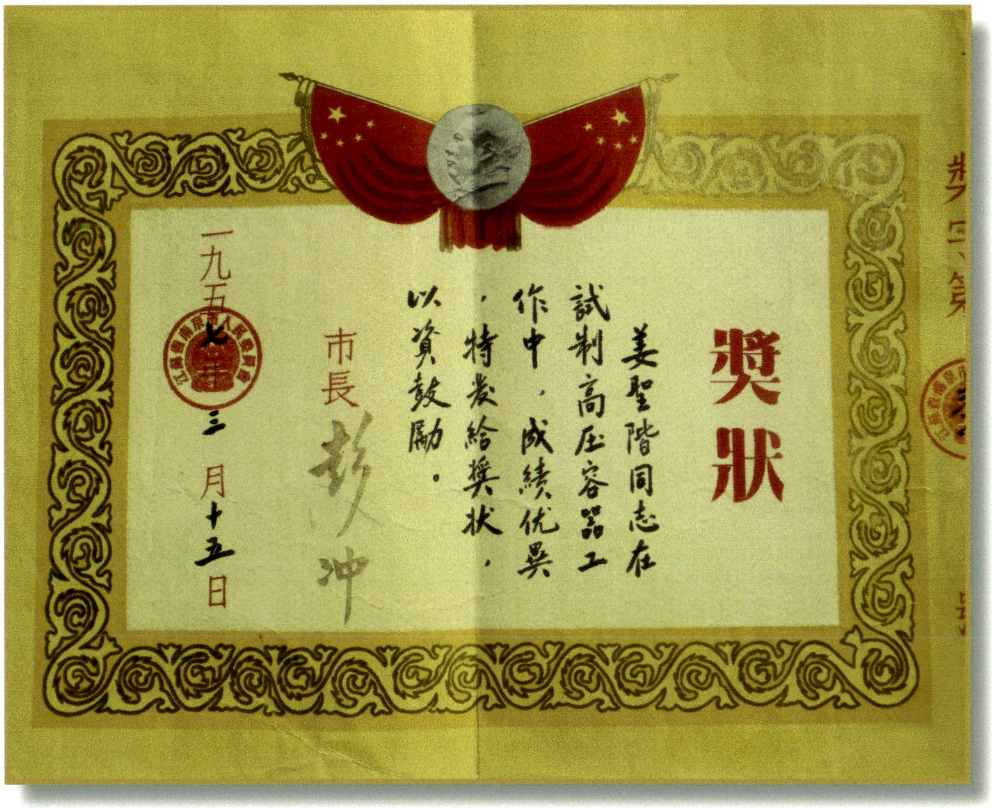
奬狀

姜聖階同志在試制高压容器工作中，成績优異，特发給奬狀，以資鼓勵。

市長 彭冲

一九五七年三月十五日

1957 年 3 月 15 日，姜圣阶获得市长彭冲颁发的奖状

當選證書

第361號

姜聖階當選爲江蘇省人民代表大會代表

此證

江蘇省選舉委員會主席 江渭清

一九五四年七月 日

1954 年 7 月，姜圣阶当选为江苏省人民代表大会代表

南京建功 造福国家

江苏省第二届人民代表大会
代表当选証書
第 049 号
姓名 姜圣阶
年龄
性别 男
代表單位 南京市
江苏省人民委员会
1958年1月25日

姜圣阶当选江苏省人民代表的证书

江苏省南京市人民委員会聘書
兹聘請 姜聖階 同志为
南京市科学技术工作委員会
委員
市长 彭冲
一九五九年一月 日

1959年1月，姜圣阶被聘为南京市科学技术工作委员会委员

1992 年 4 月 20 日，姜圣阶（前排左二）参加中国化工学会 50 周年纪念会，与南京化学工业公司老同事合影

第三章

戈壁创业 以身许国

戈壁创业 以身许国

1960年冬天，中苏关系恶化，苏联撤回了全部的援华专家，带走了技术资料。正处于初创阶段的中国核工业受到了沉重的打击。为了发展核工业和研制核武器，1962年冬天，周恩来总理亲自接见了姜圣阶，希望他考虑一下调到酒泉原子能联合企业当总工程师的事宜。

姜圣阶对这次变动毫无思想准备，家里还有多年瘫痪在床的妻子，以及自己干了半辈子的化工事业。但党的期望、国家的需要让他毅然选择了无条件服从组织的安排。

1963年初，姜圣阶到达西北戈壁滩上的核基地，就任二机部酒泉原子能联合企业副厂长兼总工程师、现场基建生产指挥部副总指挥。对于姜圣阶来说，老年改行，新的任务对他提出了许多新的要求，工作难度非常大。但他克服重重困难，领导和组织了六氟化铀厂的设计和运行，对生产工艺过程和冷凝工序进行了重大改革，用大型隔板容器代替单管冷凝器，既作冷凝装置又作贮罐，该成果曾获国家科学大会奖。领导和组织中国第一个大型反应堆的设计、建造和运行工作，他还把核燃料后处理萃取法从三循环改为二循环，节省了大量设备和仪表。他又是将后处理的沉淀法改为萃取法的倡议人之一，其成果获得国家科学大会奖。对核武器关键核部件的研制做出了突出贡献，获得了“原子弹技术突破与武器化”全国进步奖特等奖。他在 α 相钚的提炼技术与研制成果，获得了国家发明二等奖。

姜圣阶在四〇四厂工作期间发言

戈壁创业 以身许国

1974 年 9 月，姜圣阶（前排左五）在法国考察核设施

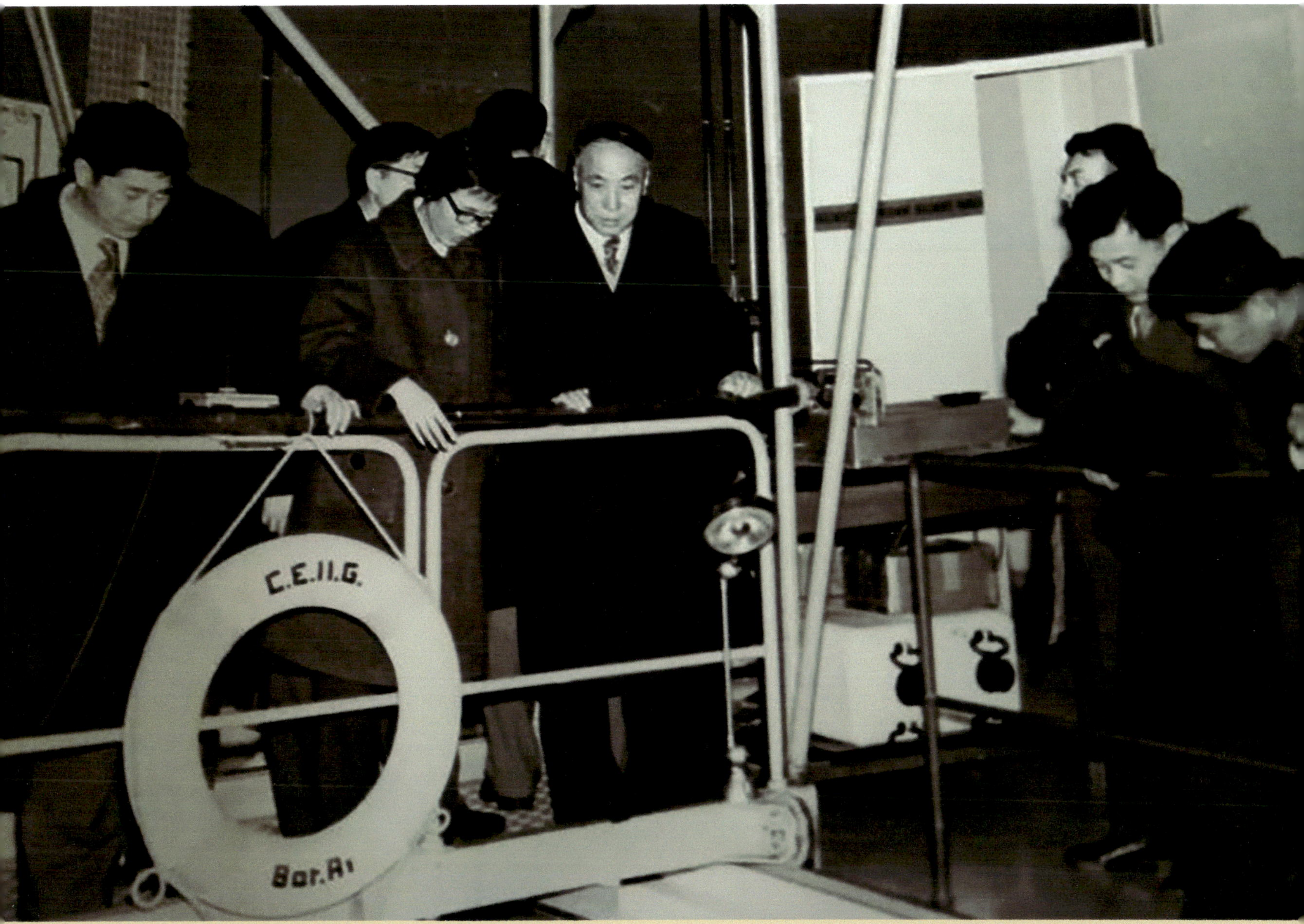

1974年9月，姜圣阶（前排左三）在法国考察核设施

戈壁创业 以身许国

1974 年 9 月，姜圣阶（前排左四）在法国考察期间，与全体团员在汽轮机前合影

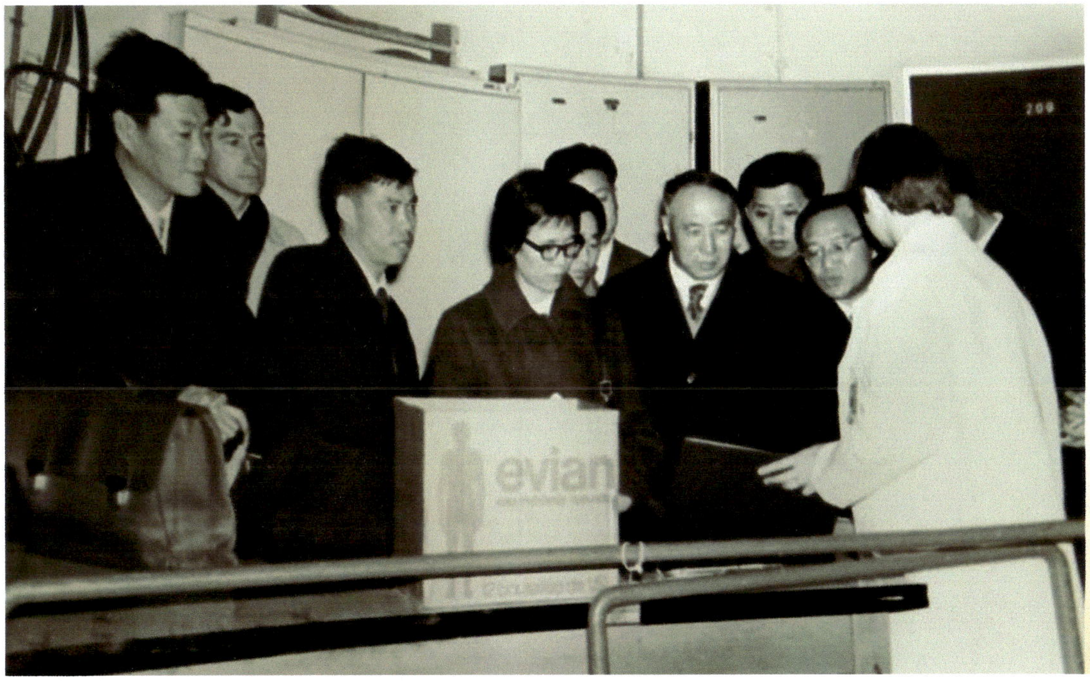

1974年9月，姜圣阶（右四）在法国考察

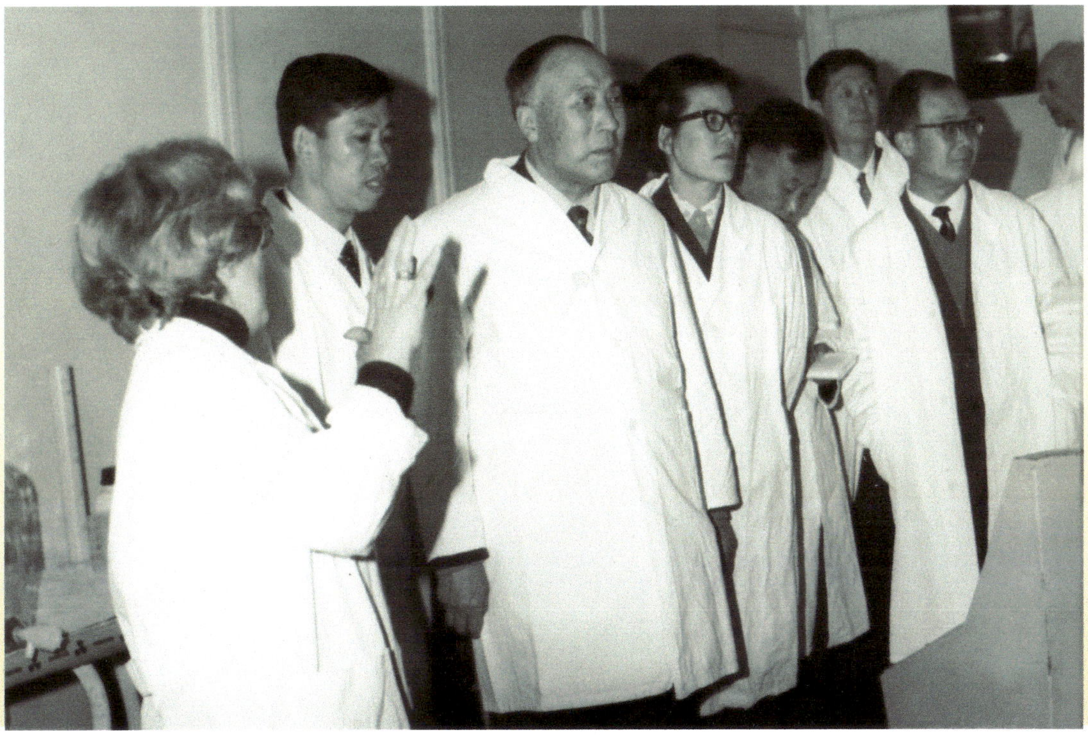

姜圣阶（左三）在法国考察核设施

四〇四厂为缅怀姜圣阶院士制作的铜像

姜圣阶在四〇四厂听学术报告

1986 年，姜圣阶（前排左五）在四〇四厂检查工作

第四章

保军转民 开拓核电

保军转民 开拓核电

1975 年 12 月，姜圣阶担任了二机部二局的主要负责人，1977 年 4 月担任二机部副部长、党组成员。

进入 80 年代，核工业转向为经济建设服务。1980 年年初中国核学会举行成立大会，姜圣阶作了《中国必须大力发展核能》的报告，他还发表了《谈谈新技术中的能源》《原子能的和平利用》《核能在能源中的地位》《中国核能发展的前景》等文章，呼吁发展核电。姜圣阶同志为推动核能和核技术的和平利用，发展我国核电事业做了大量科学论证，有力地支持了国家的决策。同时，他又身体力行，亲自参与秦山和大亚湾两座核电站建设的一系列重大技术问题的研讨和决策，他曾参与 728 工程技术路线和国家核电技术政策的确定，为刚刚起步的秦山核电站建设走上正轨，也为中国核安全立法做出了重要贡献。他提出了核电建设自主化的八个方面——设计自主化，设计标准化，在设备制造国产化，施工安装自主化，调试运行自主化，核燃料国产化，工程项目管理自主化，维修在役检查自主化。为我国核电事业起步做出了重大贡献，为我国核工业发展史写下了新的一页。

在像姜圣阶一样的核工业人的不懈努力下，经历了一个漫长而曲折的过程，我国的核电、核燃料发展有了新的突破：1981 年 11 月，国务院批准核工业部 30 万千瓦核电站建设项目；1982 年 12 月，明确厂址在浙江省海盐县秦山；1985 年 3 月 20 日，工程正式开工；1991 年 12 月 15 日，秦山核电站首次并网发电，实现了大陆核电零的突破。1993 年 8 月 31 日，广东大亚湾核电站 1 号机组并网发电成功。

1987 年 7 月 6 日，为表彰姜圣阶在发展法中两国核能利用合作中所作的贡献，法国驻华大使贡巴尔代表法兰西共和国总统授予姜圣阶法国国家荣誉军团骑士勋章。

人民日报

RENMIN RIBAO

1986年1月
22
星期三
乙丑年十二月十三

北京地区天气预报
白天 晴 风向 偏北 风力 二三级转四级
夜间 晴 风向 偏北 风力 四级转一二级
温度 最高 1℃ 最低 零下12℃

（代号1—1）

思想

首

新华社北京1

新一代的思想政治
先要有献身精神，有
把中国搞上去的志
用马克思主义的立
方法分析问题、解
时，要精通本部门、

胡耀邦方毅李鹏杨尚昆郝建秀会见核工业专家

赞扬核工业战线取得了很大成绩
勉励为和平利用核能作出新贡献

新华社北京1月21日电 （记者李尚志、虞家复）党和国家领导人胡耀邦、方毅、李鹏、杨尚昆、郝建秀，今天下午高兴地来到中南海怀仁堂后厅，同十位为我国核工业发展作出贡献的专家热烈握手、问好，一起座谈我国核工业和平利用核能的问题，并请专家们转达他们对核工业战线职工们的问候。

领导同志首先同专家们一起合影留念。胡耀邦、杨尚昆分别拉住姜圣阶、王淦昌的手说：“年纪大的同志前边坐。”这两位老专家坐在领导同志中间后，李鹏、郝建秀还将刘兴忠、冈耀中、黄齐陶、于敏、连培生、钱皋韵、吕得贤、孙祖训等专家往前让。有位专家说：“姜老、王老就代表我们啦。”大家在说笑声中一起照了相。

在座谈中，中央领导同志充分肯定了核工业部广大职工为发展我国核工业作出的成就。胡耀邦总书记兴奋地说，核工业战线的同志们是为党、为国家、为人民作出了宝贵贡献的。在他们的努力下，我国研制成功了核武器，增强了我国国防的防御力量，现在我国建立起了比较完整的核工业体系，有了一支素质好的核工业队伍。这就是很大的成绩。党中央、国务院、中央军委和全国人民是不会忘记他们作出的历史的、光辉的贡献的。他希望核工业部的人员要一专多能，多搞一些多种经营，积极支持所在地方的民用工业，为民用工业的发展、为社会主义经济建设作出新的贡献。

李鹏同志说，三十多年来，我国核工业职工自力更生、艰苦奋斗，建立了比较完整的核工业体系，我们的核工业队伍素质确实是很好的。我们的核技术虽然还不是很先进，但在世界上有这样体系的国家还是不多的。

李鹏说，为了促进我国社会主义现代化建设，我国核工业部门面临着如何更好地、更广泛地和平利用核能的问题。和平利用核能是我国发展核工业的根本方针。在这方面，核工业有广阔的发展前途，在民用方面有广泛的潜力。搞民用工业，要以核发电为主，也要搞其他工业。我们的核发电虽然步履艰难，但是已经起步了。搞核发电，我们要走自力更生为主，也要引进外国先进技术的道路。

方毅同志说，我们要保持一支核工业的研究队伍，加强对核能和平利用的研究。核工业部门的科技人员应与大学挂钩，与地方挂钩，这样路子就会越走越宽广，前途是光明的。

杨尚昆、郝建秀同志也讲了话。他们肯定了核工业战线的工作，希望职工们在和平利用核能方面作出新的成绩。

在活泼热烈的讨论中，十位专家发表了许多意见和建议。

核工业部部长蒋心雄、副部长陈肇博，国防科工委主任丁

谷牧在全国旅游工作会议上强调

旅游业发展要靠各方大力支

国务院决定成立旅游协调小组解决有关重大问

本报讯 记者刘宵、经济日报记者黄建纲报道：“七五”期间打好基础，下一个五年大见成效，争取本世纪末接待旅游者一千万人，创汇一百亿美元，使我国成为世界上旅游业比较发达的国家之一。国务委员谷牧昨天在全国旅游工作会议上讲话，宣布了我国旅游业发展的这个规划目标，并对如何实现这个规划作了部署。谷牧强调指出，旅游业是我国亟待发展和大有前途的事业，旅游业在我国经济建设中将发挥越来越大的作用。

谷牧说，对发展旅游事业在经济上和政治上的重要性，必须重新认识。党中央、国务院十分重视我国旅游事业的发展。

国务院已经原则批准了旅游部门1986年至2000年的发展规划。这次会议，就是要研究具体的贯彻意见和落实措施，部署今年发展旅游事业的有关工作。

旅游业是一项综合性经济事业，它的发展有赖于国民经济各有关部门的同步配套发展和大力支持合作。有关部门和地方，都要从国家整体利益着眼，统筹安排，支持旅游业的发展。为此，国务院已决定成立旅游协调小组，协调解决与旅游发展有关的重大问题。各省、自治区、直辖市也要加强领导，理顺旅游管理体制，抓好本地区发展旅游业的各项配套工作，及时解决工作中出现的问题。

国务院已决定 的发展规划列入国家计划，拨出专款，加 游城市的旅游基础设 但旅游事业的发展， 持国家、地方、部门 个人一起上的方针。 部门有关的配套设施 旅游城市的机场扩建 通建设等，要纳入地 的发展规划，落实投

谷牧说，旅游部 作风整顿和改革工作 好，与旅游有关的一 配套改革也要跟上去 制改革总的出发点， 好地把各地办旅游的 一步调动起来，组织 调力量，统一对外， 工作的新局面。

机关“邮递员”

小伙子江东福，是福建省莆田县委办公室收发员，人们说他是没有穿制服的“邮递员”。

莆田县委机关设在城关，这里有市、县、区的几百个机关、学校和企事业单位。过去，县委各部门给这些单位的信函、材料等，都是通过距机关不到二百米远的邮电局邮寄。小江去年6月底担任收发员后，有一天，光是给这些单位寄材料，就花去邮费四元多，他发现有的挂号信要几天才能收到。他想：我还年轻，又会骑自行 要是我自己递送，既可以为机关节省 又可以加快信函投递速度，于是他根 关工作的特点，每天下午在机关搞收 作，第二天上午骑车将信函、材料送 内各有关单位。最多的一上午要跑三、 个单位。即使刮风下雨，也不间断。 多月来，小江坚持不懈，平均每月为机关节约邮费一百八十五元。

莆田县委组织部 肖步成
莆田县报道组 方有仁

1986年，人民日报头版刊登了党和国家领导人接见姜圣阶等核工业专家的新闻

保军转民 开拓核电

中國核工業報

ZHONGGUO HEGONGYE BAO

1990年6月15日 星期五 第8期 （总8）国内统一刊号CN11—0054

江泽民总书记批示 李鹏总理复函四位老部长和著名核科学家 着重指出

把核电事业纳入国民经济发展规划 落实资金
是一个具有战略意义的重要问题

三强、李觉、圣阶、淦昌同志：

来信已收到。你们为我国两弹一艇的发展倾注了自己的心血，为我国核能事业的发展作出了贡献，现在虽然年事已高，却一如既往地关心国家核电事业的发展，提出了很好的建议，在此向你们表示感谢。

把核电事业纳入国民经济发展规划，落实资金，使核电在下一世纪为我国国民经济的发展作出积极贡献确实是一个具有战略意义的重要问题。我曾提出制定我国核电发展规划的要求，邹家华同志去年也指示核电办牵头编制我国核电发展规划，核电办为此组织了有关部委组成核电规划起草领导小组，征求有关省市意见，还组织专家进行专题研究，核电发展所需资金是研究重点之一。今年三月十五日国务院核电领导小组全体会议已经确定把核电纳入国家国民经济发展规划。我相信经过我们大家共同努力，核电发展中的问题是能得到妥善解决的。

再一次谢谢你们对国家核电事业的关心。

祝你们身体健康！

李鹏

一九九〇年四月三十日

尊敬的江泽民总书记、李鹏总理：

最近，看了你们接见科协科学家代表时，对你们关于寄希望于一支科技队伍的讲话，深受鼓舞。特别是你们谈到，我国的原子弹、导弹和氢弹等许多尖端技术，都是在受到外国封锁的情况下，靠自己的力量搞出来的。长了中国科技人员的志气，更使我们兴奋不已。我们四人虽都已高龄，但作为第一代核武器（两弹一艇）的参与者，有一件事情一直放心不下，就是如何把发展我国核电事业纳入国民经济整体发展规划之中，切切实实地进行研究和落实，使它能为解决下一世纪中国能源问题作出积极贡献。这样一个带有战略性的问题，是业务部门，特别是在当前资金平衡比较困难的情况下，所难以考虑的。为此，我们冒昧地直接给你们写信。

为了实现党的十三大提出的我国经济建设发展战略“三步曲”，有效地解决好能源问题，显然极为重要。但单靠增加燃煤发电，不改变能源结构，看来是不行了。这不仅是因为由此带来的交通运输紧张和严重的环境污染难以解决，而且所需原煤产量的缺口也很大。特别是到下一世纪中叶，预测能源需求要超过40亿吨标煤，那时水电几乎开发完毕，煤炭最大可能约产30亿吨原煤，这一大的缺口，除了依靠核电，没有别的出路。

我国早在六十年代初，就提出过建设核电站的设想，进入七十年代，当我国核潜艇动力装置建成后，周总理又曾多次指示，我国要发展核电。并且亲自审核了“728”（即现在秦山一期）工程的建设方案，由于“四人帮”的干扰，工程几上几下。十一届三中全会后，中央重视能源交通等基础工业的发展，秦山、大亚湾核电站相续开始建设。但直至目前核电尚无长远的发展规划，又无稳定的资金渠道。秦山二期工程，已批准立项近三年，但由于资金不落实，至今尚未动工。如此情况，怎能仰仗其对我国的经济发展作必要的贡献呢？更使我们担忧的是，近期如不利用已有的核科技队伍，通过核电工程培养新人，到“八五”后期，就会出现人才断层，将丧失发展核电的良机。基于以上忧虑，我们建议：

一、发展核电一定要有战略决心和长远的打算，及早制定我国核电发展中长期规划，并纳入国家“八五”、“九五”计划。

根据我们同国内专家们共同探讨，核电发展大体可设想为：第一步，本世纪内，必须千方百计确保建成600万千瓦核电站，为掌握核电技术和解决东部地区缺能问题发挥积极作用；第二步，到2015年，争取建成3000万千瓦核电站，这将有效地弥补能源缺额；第三步，到2050年，核发电量争取达到全国总发电量的20%以上。同时跟踪世界高技术发展，积极开发快堆和核聚变技术。

二、尽快落实核电发展资金，建立稳定的核电建设资金渠道。

我国核电建设步履艰难的根本原因是，核电建设缺之正常的资金渠道。在国家预算内资金中，没有核电的位置。秦山一期和二期的建设资金靠贡献油基金支撑，这条渠道实际上难以兑现。我们认为，在核电起步阶段，国家投资应起主渠道作用。据测算，到本世纪末建成600万千瓦核电站，除地方集资和利用外资外，国家需要投资约150亿元，每年平均15亿元左右。

当前国家财政比较困难，我们初步考虑，核电建设资金可由以下几个渠道解决：

1、在国家预算内能源建设资金中划定一个适当比例，用于核电建设；

2、落实贡献油的资金渠道，并在“八五”期间予以保留；

3、国家拟新征电力建设基金，归中央支配。建议从中划定适当比例用于核电建设；

4、从国家新征的投资方向税中划出一部分作为核电建设基金。

以上意见供参考，敬候复音。

此致

敬礼！

钱三强 李觉
姜圣阶 王淦昌

一九九〇年二月二十八日

姜圣阶与钱三强、李觉、王淦昌等一起给国家领导写信并获得复函

原文：

江泽民总书记批示 李鹏总理复函四位老部长和著名核科学家 着重指出

把核电事业纳入国民经济发展规划 落实资金是一个具有战略意义的重要问题

（钱）三强、李觉、（姜）圣阶、（王）淦昌同志：

来信已收到。你们为我国两弹一艇的发展倾注了自己的心血，为我国核能事业的发展作出了贡献，现在虽然年事已高，却一如既往地关心国家核电事业的发展，提出了很好的建议，在此向你们表示感谢。

把核电事业纳入国民经济发展规划，落实资金，使核电在下一世纪为我国国民经济的发展作出积极贡献确实是一个具有战略意义的重要问题。我曾提出制定我国核电发展规划的要求，邹家华同志去年也指示核电办牵头编制我国核电发展规划，核电办为此组织了有关部委组成核电规划起草领导小组，征求有关省市意见，还组织专家进行专题研究，核电发展所需资金是研究重点之一。今年三月十五日国务院核电领导小组全体会议已经确定把核电纳入国家国民经济发展规划。我相信经过我们大家共同努力，核电发展中的问题是能得到妥善解决的。

再一次谢谢你们对国家核电事业的关心。

祝你们身体健康！

李　鹏

一九九〇年四月三十日

尊敬的江泽民总书记、李鹏总理：

最近，看了你们接见科协科学家代表时，对你们关于寄希望于一支科技队伍的讲话，深受鼓舞。特别是你们谈到，我国的原子弹、导弹和氢弹等许多尖端技术，都是在受到外国封锁的情况下，靠自己的力量搞出来的。长了中国科技人员的志气，更使我们兴奋不已。我们四人虽都已高龄，但作为第一代核武器（两弹一艇）的参与者，有一件事情一直放心不下，就是如何把发展我国核电事业纳入国民经济整体发展规划之中，切切实实地进行研究和落实，使它能为解决下一世纪中国能源问题作出积极贡献。这样一个带有战略性的题，是业务部门，特别是在当前资金平衡比较困难的情况下，所难以考虑的。为此，我们冒昧地直接给你们写信。

为了实现党的十三大提出的我国经济建设发展战略“三步曲”，有效地解决好能源问题，显然极为重要。但单靠增加燃煤发电，不改变能源结构，看来是不行了。这不仅是因为由此带来的交通运输紧张和严重的环境污染难以解决，而且所需原煤产量的缺口也很大。特别是到下一世纪中叶，预测能源需求要超过 40 亿吨标煤，那时水电几乎开发完毕，煤炭最大可能约产 30 亿吨原煤，这一大的缺口，除了依靠核电，没有别的出路。

我国早在六十年代初，就提出过建设核电站的设想，进入七十年代，当我国核潜艇动力装置建成后，周总理又曾多次指示，我国要发展核电。并且亲自审核了“728”（即现在秦山一期）工程的建设方案，由于“四人帮”的干扰，工程几上几下。十一届三中全会后，中央重视能源交通等基础工业的发展，秦山、大亚湾核电站相续开始建设。但直至目前核电尚无长远的发展规划，又无稳定的资金渠道。秦山二期工程，已批准立项近三年，但由于资金不落实，至今尚未动工。如此情况，怎能仰仗其对我国的经济发展作必要的贡献呢？更使我们担忧的是，近期如不利用已有的核科技队伍，通过核电工程培养新人，到“八五”后期，就会出现人才断层，将丧失发展核电的良机。基于以上忧虑，我们建议：

一、发展核电一定要有战略决心和长远的打算，及早制定我国核电发展中长期规划，并纳入国家“八五”、“九五”计划。

根据我们同国内专家们共同探讨，核电发展大体可设想为：第一步，本世纪内，必须千方百计确保建成 600 万千瓦核电站，为掌握核电技术和解决东部地区缺能问题发挥积极作用；第二步，到 2015 年，争取建成 3000 万千瓦核电站，这将有效地弥补能源缺额；第三步，到 2050 年，核发电量争取达到全国总发电量的 20% 以上。同时跟踪世界高技术发展，积极开发快堆和核聚变技术。

二、尽快落实核电发展资金，建立稳定的核电建设资金渠道。

我国核电建设步履艰难的据本原因是，核电建设缺乏正常的资金渠道。在国家预算内资金中，没有核电的位置。秦山一期和二期的建设资金靠贡献油基金支撑，这条渠道实际上难以兑现。我们认为，在核电起步阶段，国家投资应起主渠道作用。据测算，到本世纪末建成 600 万千瓦核电站，除地方集资和利用外资外，国家需要投资约 150 亿元，每年平均 15 亿元左右。

当前国家财政比较困难，我们初步考虑，核电建设资金可由以下几个渠道解决：

1. 在国家预算内能源建设资金中划定一个适当比例，用于核电建设；
2. 落实贡献油的资金渠道，并在“八五”期间予以保留；
3. 国家拟新征电力建设基金，归中央支配。建议从中划定适当比例用于核电建设;
4. 从国家新征的投资方向税中划出一部分作为核电建设基金。

以上意见供参考，敬候复音。

此致

敬礼!

钱三强 李觉 姜圣阶 王淦昌

一九九○年二月二十八日

保军转民 开拓核电

姜圣阶（右）与
王淦昌在一起

近幾年中共中央領導機構作過兩次比較大　續在領導崗位上這一原則將會堅持下去。

核工業專家姜聖階宣稱
中國發展核電強調安全第一
發展進程不會受蘇核電站事故影響

據中國新聞社北京五月四日電　記者戴亞平報道：中國核安全局局長姜聖階今天對記者說，蘇聯基輔切爾諾貝利核電站發生的事故不會影響中國業已開始的發展核電的進程。

這位核工業專家說，中國要從蘇聯的核事故中吸取經驗教訓，最重要的一點是要在中國的核電建設中強調質量第一、安全第一的原則。

姜聖階說，中國在決定建設核電之前曾經對國外的各種堆型進行詳細調查和研究。基輔切爾諾貝利核電廠採用的是石墨慢化壓水管冷卻堆型，反應堆沒有裝置安全殼，緊急注水系統可能也不夠健全。此次事故很可能是因爲汽包爆炸，破壞疏排水管系統，使堆芯斷水，熱量無法排出來，從而引起堆芯燃料融化石墨燃燒。由於沒有安全殼保護，放射性氣體就會迅速向大氣擴散。

他說，中國爲確保核電的高度安全採取了一系列措施：

一、加強核電的安全管理工作，建立健全的核電安全法規，加強對核電設計的安全審查工作，依照核電安全法規對核電站進行嚴格的監督和檢查，確保按安全法規作業；

二、在核電建設中，設計、建造、安裝、調試、啓動、運行各道工序都要有嚴格的質量控制大綱，建立起一整套完整的質量保證體系，建成優質、確保安全的核電站；

三、提高運行人員的素質，加強嚴格培訓與考核；

四、密切注視蘇聯切爾諾貝利核電事故的事態發展，核安全局已迅速成立一個專門小組對此次事故進行追踪研究。

1987.11.26　人民日報海外版

姜聖階談廣東大亞灣核電站建設
核島筏基漏筋事故已經補救
安全系數仍可達原設計標準

本報北京十一月十九日訊　國家核安全局局長姜聖階今接受記者採訪時說，九月中旬發生的廣東大亞灣核電站一號核島筏基漏筋事故，經採取補救措施後，安全系數仍可達到原設計要求。國家核安全局將於下月初頒發給廣東核電合營有限公司全面建造許可證。

這次事故是施工開始不久出現的罕見事故。事故經過是，九月十四日，負責核電站土建施工的HCCM公司人員發現底層的斜鋼筋間距離不符合施工圖紙，隨後停工檢查確認是第一層漏放三百一十六根鋼筋。事發後，廣東核電合營有限公司經過多方論證後，確定採取在第二層放置聯接筋，彌補在第一層中漏放的鋼筋，並在第二層增設一些輔助鋼筋的補救方案。這一方案提交國家核安全局後，國家核安全局立即組織國內十一位核安全專家進行了研究分析，最後確認廣東核電合營有限公司補救措施的安全系數，仍可達到原設計所必需的安全儲備，但需要比原來設計多用十噸左右鋼筋。

姜局長認爲，在施工開始不久就出現這種罕見事故，說明廣東核電合營公司的質保體系、質保工作存在嚴重問題。該公司應嚴格按國家核安全局頒發的法規檢查本公司以及HCCM公司質量保證、質量控制工作，採取有力的改進措施，防止類似事件再次出現。

經過五十五天的停工認真檢查後，核電站建設日前復工。國家核安全局繼今年七月七日給廣東核電合營有限公司頒發部分建造許可證後，將於下月初頒發全面建造許可證。

（王曉明）

谈谈核电站用过的燃料的后处理

核工业部科学技术委员会主任　姜圣阶

84.4.18.

核能是一种很有发展前途的能源。截至1983年底，全世界有24个国家和地区共302座核电站正在运行，总装机容量为2亿千瓦；预计到1990年，将增至537座，总装机容量将达到4.2亿千瓦。我国的核电站建设也已开始起步，到本世纪末将有一批压水堆核电站投入运行，为实现我国的战略目标作出应有的贡献。

压水堆核电站以含3.2%左右的铀—235的低加浓铀作为燃料。一座100万千瓦的压水堆核电站约需装料80吨铀，每年更换其中的三分之一燃料，即27吨左右的铀。从反应堆内卸出的用过的燃料仍然具有很强的放射性。这样，妥善处置用过的燃料，便成为世界各国的公众十分关注的问题。有些人怀疑后处理技术是否已被掌握，有些人则担心后处理过程会造成环境污染等等。产生这些疑虑是可以理解的，但担心是不必要的。

人们往往把核电站用过的核燃料称为“核废物”或“放射性垃圾”。这些称呼会给人造成一种错觉，似乎它纯属废物，不仅没有什么用处，而且会因放射性很强而危害甚大。其实，并非如此。

核电站利用燃料的方式不同于火电站：火电站可以做到把煤或石油等燃料全部烧光，但核电站却不可能把核燃料全部“烧”尽。压水堆用过的燃料还含有大量的铀。此外，用过的压水堆燃料中还产生新的核燃料——钚。这种钚不同于制造核武器的军用钚，它可以放到工业上利用。还有相当数量除钚以外的超铀元素，如镎、镅、锔等，这些超铀元素都是自然界不存在的，属于人工合成的元素，十分贵重。总之，在核电站用过的燃料中数量上占多数的是有用的物质。但是要利用这些有用的物质，必须进行再加工，这一过程在核工业生产中称为后处理。后处理是整个核燃料循环中不可缺少的一个重要环节，其必要性是毋庸置疑的。

对用过的核燃料进行后处理有以下几点好处：

1、回收未“烧”尽的铀，更充分、合理地利用铀资源。1,000万千瓦压水堆核电站每年要卸出250—300吨用过的燃料，其中含未“烧”掉的铀238—286吨。若进行后处理复用回收的铀，则相当于每年可少开采和加工处理二三十万吨天然铀矿石。这一点对我国来说具有十分重要的意义。

2、可收得大量的工业钚。从1,000万千瓦压水堆核电站每年卸出的燃料中可回收钚约2.3—2.7吨。这些钚可用于快中子增殖反应堆核电站的燃料，或者与天然铀混合做成氧化物燃料来代替低浓铀燃料用于常规的压水堆核电站。

3、提取镎、镅、锔等超铀元素，在国民经济各部门应用。用镎—237作原料生产钚—238，可用于制造核电池，在航天部门使用，镅—241可用于加工中子源、烟雾报警器、静电消除器等。目前这些产品在世界上供不应求。

4、分离回收非放射性的稀有气体氙和钯、铑等贵金属，补充天然资源的不足；分离回收放射性的铯—137作为食品储藏、工业消毒等的辐射源。

5、由于提取了钚、镎等长寿命的放射性元素，用过的核燃料的残余物的放射性大大降低，由此降低了安全贮存这些废物的技术难度。

中国原子能工业公司总工程师　黄齐陶

目前世界上已有几个国家掌握了压水堆核电站用过的燃料元件的后处理技术。我国早已掌握了军用后处理技术，对压水堆燃料的后处理也进行了许多科研工作。只要我们进一步抓紧技术开发，组织各方力量大力协同，在短期内完全有可能掌握这方面的全部技术。

压水堆燃料的后处理，大致可分为四个环节，即元件运输、中间贮存、后处理和强放射性废物的最终处置。对于前三个环节的安全性，大家已没有什么怀疑了，因为国际上已经有了较长时间的实践。例如，许多国家已跨洋和陆路运输过大量的核燃料，从未发生过事故；压水堆用过的核燃料在水池内的中间贮存已积累了二十余年的丰富经验，证明是安全可靠的；新的干法中间贮存工艺正在发展中；至于后处理，只要厂址选择得当，坚持较高的安全防护标准，采取严密的安全防范措施，提高管理和操作水平；后处理厂可以做到对周围环境不产生明显的不良影响。国内外的许多后处理厂已证明了这一点。

强放射性废物最终处置，就是采用适当的方法，使这些放射性废物同人及所有生物长期隔离。多年来，世界各国曾提出过多种处置方案，比如把它们埋到深地层、深海床、或者北极冰层里，或者放到宇宙空间去等等。目前看来，比较现实可行的是埋到深地层里。它的安全性已越来越获得更多人的承认。1980年10月，美国能源部发表了《美国商业核废物最终处置的环境影响报告》，正式提出在深地层内开挖核废物贮存库的方案，并决定在1998年建成第一个国家库投入使用。这一决定表明强放废物的最终处置治理已越过了研究开发阶段，进入了全面的工业化应用阶段。

有人曾作过预测：假设在70公里范围内有200万人口的地区建设这种地下贮存库，在开挖时，由氡及其子体造成的居民集体剂量当量为天然本底的1%；在运行时发生盛装冷却二十年的核废物容器的破损事故，对居民造成的剂量为天然本底的1‰。国外在对贮存库进行危险度分析时还估算了发生各种重大事故时的后果，如巨大陨石撞击在贮存库的正上方、岩层断裂而引起水淹或地下水渗入等。其中岩层断裂引起水淹是一种最为恶劣的情况。即便发生这种情况，其造成的辐射剂量也不过是天然本底的1%左右。

值得一提的是，20亿年前在非洲加蓬奥克洛的地下曾自然地发生过大规模的链式铀裂变反应。这个“天然反应堆”持续运行了60万年。核裂变碎片和超铀元素大部分都滞留在附近。这一发现有力地证明，合适的地质环境是可以保证放射性核素长期地与生物圈隔离的。更何况稳定存放在地下的核废料的放射性比起“天然反应堆”的放射性来，小得无法比拟，在深地层处置核废料是安全可靠的。

我国幅员辽阔，有着许多地质稳定而又人烟稀少的地区，比起某些领土狭小、人口稠密的国家来，更具有发展深地层处置核废料的有利条件。

姜圣阶发表的文章（节选）

保军转民 开拓核电

姜圣阶参加核工业部秦山核电厂初步设计预审方案大会

1983年10月23日，姜圣阶（左二）在秦山核电厂考察厂址

姜圣阶（右一）与张爱萍、陈肇博一起开会

保军转民 开拓核电

1990 年 6 月 20—23 日，姜圣阶（前排左二）与王淦昌（左一）、连培生（左二）等在秦山二期核电工地讨论问题

姜圣阶（右侧就座者）在秦山核电站现场观看图纸

姜圣阶（前排左二）在秦山核电站海堤上

姜圣阶（右三）在秦山核电站压力容器吊装现场

保军转民 开拓核电

姜圣阶（右）在秦山核电站反应堆压力容器吊装现场

姜圣阶（前排右三）在秦山核电站启动成功现场

保军转民 开拓核电

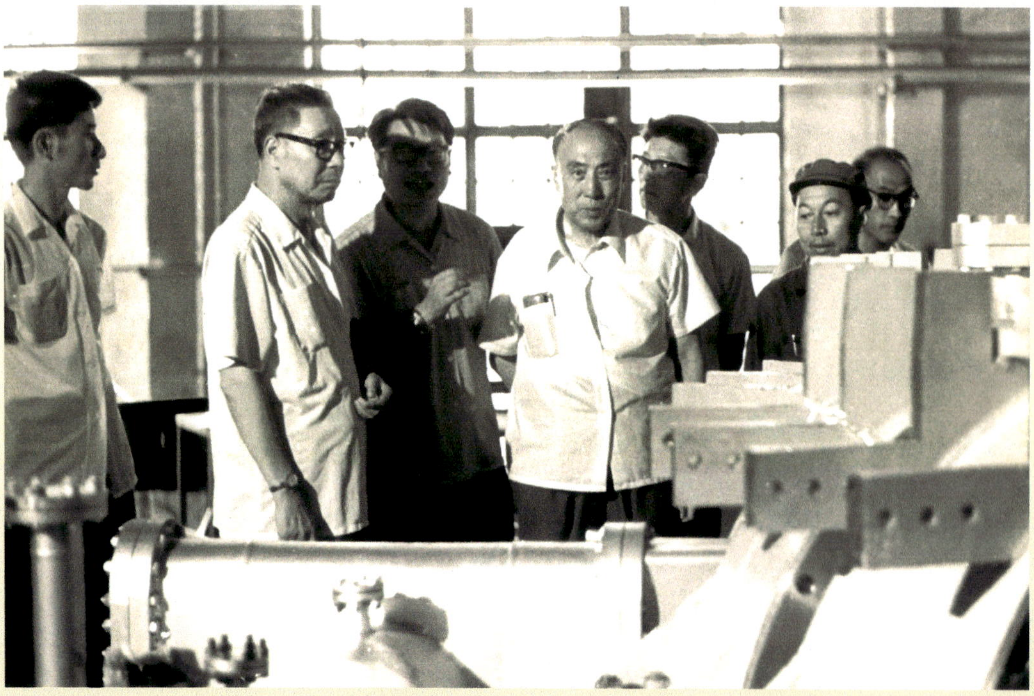

姜圣阶（上图左二、下图左四）在大连523厂检查工作

1981年10月1日，姜圣阶（右一）在天津核工业第三研究设计院检查工作

1980年10月，姜圣阶（左二）摄于巴基斯坦离心机厂的水坝前

保军转民 开拓核电

1987年7月6日，法国驻华大使贡巴尔，为表彰姜圣阶在发展法中两国核能利用合作中所做出的贡献，代表法兰西共和国总统为姜圣阶颁发了荣誉军团骑士勋章，图中为姜圣阶（右三）在颁奖仪式上致辞

RÉPUBLIQUE FRANÇAISE

ORDRE NATIONAL DE LA LÉGION D'HONNEUR

HONNEUR PATRIE

LE PRÉSIDENT DE LA RÉPUBLIQUE FRANÇAISE
GRAND MAÎTRE DE L'ORDRE NATIONAL DE LA LÉGION D'HONNEUR

nomme par décret de ce jour, Monsieur Shengjie J I A N G

Administrateur Général d'une Société nucléaire
Directeur Général de l'Administration Nationale de Sûreté Nucléaire chinoise

C H E V A L I E R DE LA LÉGION D'HONNEUR

Fait à Paris, le 20 Mars 1987

Scellé du sceau de l'Ordre sous le n° 59 LHE 87
Le Secrétaire Général adjoint,

Par le Président de la République :
LE GRAND CHANCELIER DE LA LÉGION D'HONNEUR,

Général BIARD

姜圣阶获得法国荣誉军团骑士勋章奖章证书

荣誉军团骑士勋章

授勋仪式讲话稿封面

DISCOURS DE M. COMBAL

AMBASSADEUR DE FRANCE EN CHINE

-TEXTE EN FRANCAIS
-TEXTE EN CHINOIS

DISCOURS DE M. JIANG SHENGJIE

DIRECTEUR GENERAL DE L'ADMINISTRATION
NATIONALE DE SURETE NUCLEAIRE

-TEXTE EN FRANCAIS
-TEXTE EN CHINOIS

法国驻华大使贡巴尔先生的讲话

法文稿
中文稿

中国核安全局局长姜圣阶先生的讲话

法文稿
中文稿

DISCOURS POUR LA DECORATION
DE MONSIEUR LE DIRECTEUR GENERAL JIANG SHENGJIE
LEGION D'HONNEUR

Monsieur le Directeur General

Si nous sommes aujourd'hui reunis , autour de vous, Monsieur le Directeur General, c'est pour rendre hommage au role essentiel que vous avez joue au cours de ces quarante dernieres annees au developpement de l'energie nucleaire en Chine et depuis plus d'une decennie dans l'etablissement et le developpement de la cooperation franco-chinoise dans le domaine de l'atome.

Votre contribution a la Science, commence en 1936 date a laquelle vous avez ete diplome en ingenierie electro-mecanique de l'Institut Industriel de Tianjin.

Apres avoir passe quelques annees dans l'industrie chimique a Nankin, vos pas vous menent en 1948 aux Etats-Unis, ou vous poursuivez vos etudes a l'Universite de Columbia d'ou vous obtenez un "masters" en chimie. Vous revenez au pays des 1950. Toujours dans l'industrie chimique, vos recherches et vos travaux notamment, sur les convertisseurs d'ammoniaque synthetique, sur les lits fluidises pour la production d'acide sulfurique ainsi que sur les cuves sous pression aboutiront a doter l'industrie chinoise d'une approche nouvelle a ces technologies complexes. Couronnes de succes, vos resultats sont reconnus par l'ensemble de la communaute scientifique et vous valent de recevoir en 1956 le prix special du Conseil des Affaires d'Etat de la Republique Populaire de Chine.

授勋仪式讲话稿

第五章

领导学会 促进交流

领导学会 促进交流

1980 年 2 月，中国核学会成立。在中国核学会第一次代表大会上，姜圣阶被选为常务副理事长，随后历任理事长、名誉理事长。在他任职期间，中国核学会先后成立了 18 个分支学会，分布在 20 个部门的 500 多个单位，充分体现了跨部门、跨行业，横向联系的群众性民间团体的特点。

姜圣阶一直主张向社会公众，特别是青少年宣传和普及原子核科学技术知识，消除人们对核的疑虑，为建设核电站，推广核技术培养后备人才创造良好的社会环境。在任期间，他向各级领导干部举行科普讲座 10 次，听众 1700 余人；向青少年做科普报告 8 次，听众 2400 余人；赠阅科普书刊 20 000 余册；还五次组织科普记者、作者和青少年近千人参观核科学研究单位；在北京西单主办“科普画廊”；特别是 1982 年中国核学会参与了四部委主办的全国同位素会议，对各省市、各部委的领导同志和广大群众进行了一次同位素应用的广泛性和巨大经济效益的科普宣传。

1983 年，在中国核学会的提议和推动下，由中国科协、国家科委、国防科工委、核工业部联合主办，中国核学会具体承办的“全国原子核科学技术应用展览会”在北京展出，党和国家许多领导人参观了展览。展览会宣传了核工业的成就及核科学技术广阔的应用前景，受到各方面的好评。随后，这次展览会先后历时四年，在全国十多个省市和香港地区展出共十二次，接待观众达五十万人次。这是新中国成立以来在原子核科学技术应用方面规模最大的一次宣传普及活动，它适应了核工业转民和核电发展的需要。

在改革开放方针的指引下，姜圣阶理事长要求按照大力开拓民间学术交流渠道的精神，加强国际学术技术合作。他多次率团出访许多国家，同时邀请国外专家来华访问考察和探讨合作的途径与办法，为了使这种交流和合作经常化，先后由姜圣阶出面推动与美国、加拿大、德国、法国、比利时、西班牙、瑞士、芬兰以及欧洲共同体等核学（协）会签署了合作协议，互相通报国际会议信息，共同召开国际会议，进行专家的互访，交换学术刊物。从而加深了解与合作。特别是 1987 年 9 月，在姜圣阶亲自组织和有关方面的支持下，在北京召开了第六届太平洋区域核能会议，有 22 个国家和地区的 450 名代表参加会议，会上时任国务院总理李鹏就中国发展核电的政策作了重要讲话，国际原子能机构总干事布利克斯博士亲自到会并作报告。在我国核电起步的时刻举行这样的会议，不仅在技术上使我们了解到各国代表对 90 年代发展核能和核技术的看法，而且对我国发展核电事业也是一个很大的促进，坚定了我国发展核电的信心。

在中国核学会成立后的十年发展历程中，姜圣阶同志为中国核学会的建设与发展打下了结实基础，开创了良好局面，积累了宝贵经验，特别是在一些重大问题决策上体现了一个学会领导者的远见卓识和卓越的领导魄力。他不仅是一位德高望重的核能专家，同时也是一位学会工作的卓越领导者。

领导学会 促进交流

1989 年 9 月 28 日，庆祝中华人民成立 40 周年，姜圣阶（前排左五）、王淦昌等著名科学家会见中青年科技工作者

1983 年，中国核学会承办的“全国原子核科学技术应用展览会”在北京展出

领导学会 促进交流

1981 年 12 月 10 日，姜圣阶（第二排右十三）参加四川省核学会成立大会

1983 年 7 月，姜圣阶（第二排左十）参加在旅顺召开的中国核学会第一届第二次常务理事会扩大会议

领导学会 促进交流

1989 年 4 月，姜圣阶（左八）、朱光亚（左九）、钱三强（左十）、刘杰（左十一）参加中国同位素与辐射行业协会成立大会并合影

食品辐照在中国的发展学术讨论会，第一排左十一为姜圣阶

领导学会 促进交流

1989 年 4 月，同位素协会成立，姜圣阶（右一）与朱光亚（左二）、钱三强（左三）等在主席台上

姜圣阶（右二）参加在昆明召开的第一次核电会议

姜圣阶（右四）与王淦昌（左三）、欧阳宇（左五）、连培生（右三）、王传英（右一）、戴传曾（左一）等科学家参加国内学术会议

领导学会 促进交流

1989年7月27日上午，姜圣阶理事长（前排左六）参加中国核学会学术年会，在核情报所大楼前与核科技情报工作者合影，前排左五为国防科工委情报所所长袁耀俊，前排左七为周渊泉主任，前排左八为严叔衡副主任，前排左九为核情报所所长贾致泽，后排左一为会议组织者潘启龙，时任中国核学会核情报研究会副秘书长（现任中核战略规划研究总院党委书记、董事长，中国核学会核情报分会理事长）

1990 年 6 月，姜圣阶（前排左四）参加在秦山召开的中国核学会二届二次会议

领导学会 促进交流

1984 年，姜圣阶（左四）、赵仁恺（左一）、汪德熙（左三）等访美与美国核能界人士会见

姜圣阶（前排左四）
在国外参观

1984 年 11 月，姜圣阶
（左三）带领中国核学
会代表团在美国芝加哥
参观访问

领导学会 促进交流

1984 年 11 月，姜圣阶（左二）在美国参观访问期间于芝加哥机场合影

1985 年 5 月 11 日，姜圣阶（前排右）代表中国核学会在北京与德国核学会签订合作协议并致辞

1986年2月25日，姜圣阶（左二）代表中国核学会与德国核学会签订合作协议签字仪式

姜圣阶（右二）代表中国核学会与芬兰核学会签署协议

领导学会 促进交流

1985 年 5 月 11 日，姜圣阶（前排左二）在北京代表中国核学会与加拿大核学会签订双方合作协议

1984 年 11 月，姜圣阶（左三）参观加拿大核设施

领导学会 促进交流

1985 年，中国核学会代表团访问美国核学会，代表团团长姜圣阶（前排左三）与美国能源部部长（前排左四）会谈

1985 年，姜圣阶（左三）率领中国核学会代表团访问美国核学会，在美国华盛顿白宫国会前留影

领导学会 促进交流

1985 年，姜圣阶（左一）与法国驻华参赞亲切交谈

1984年11月，姜圣阶（左）为加拿大核技术界报告中国核技术现状

1986年5月，姜圣阶（右）代表中国核学会访瑞士

姜圣阶（前排左二）代表中国核学会在美国芝加哥参观访问

领导学会 促进交流

1985 年 1 月 23 日，姜圣阶（上图前排左三，下图中）参加中国核学会与日本日挥公司联合举办放射性废物处理技术研讨会

姜圣阶（右二）

姜圣阶（左一）

1987 年 9 月 7 日，PBNC-6 会议，由于健康原因，姜圣阶未能参加大会，闭幕式前姜圣阶在“玉楼”会见许多国家的代表

姜圣阶（右）

姜圣阶（右二）

领导学会 促进交流

1987 年 9 月 11 日上午 11 时，PBNC-6 大会举行了闭幕式，中国核学会副理事长彭士禄主持了闭幕式，蒋心雄、斯丁森、周平出席了闭幕式。时任中国核安全局局长姜圣阶带病出席了闭幕式。

1988 年 9 月，姜圣阶（左二）在北京饭店宴会厅举办的第六届国际压力容器会议开幕式上。

第六章

科学管理 夯实基础

科学管理 夯实基础

1984 年 10 月，国务院批准成立国家核安全局，姜圣阶担任了首届核安全局的局长。这一消息见报后，在国内外核领域引起强烈反响。当时国际原子能机构一位著名核专家说：“姜圣阶先生被任命为中国第一任核安全局局长，表明中国是重视核安全的”。国内业界亦同声推举，时称“下荐上准，众望所归”。

在国家核安全局成立之初，他已设想好机构设置、工作模式和选干要求。在对筹备组的许万金谈到组建想法时他说：一是机构设置要精干；二是人员素质要好，要选有事业心和发展潜力，工作能独当一面的人，要宁缺毋滥；三是要有必要的事业和研究经费，这三条是筹建工作的根本。

在姜圣阶的领导下，一个精干的国家核安全局诞生了，并于 1984 年 10 月 10 日正式挂牌办公。姜圣阶为人重实干，带领仅有 20 名骨干的国家核安全局，迅速开展包括订规划、抓立法，秦山核电站的追溯性审评和广东核电站安全审评，制定和实施“七五”国家核安全研究项目规划等工作。姜圣阶任国家核安全局局长期间，为我国核安全事业的规范化、法制化打下了坚实基础。

1986 年 6 月 27 日，首届核安全专家委员会会议在北京召开。会议制定了我国核安全政策十大要点，为我国的核安全法规体系建设奠定了政策基础。核安全专家委员会的成立是我国核安全管理工作中的一个创举。委员会作为我国核安全领域的最高咨询机构，在核安全事业日后的发展中发挥了重大作用。

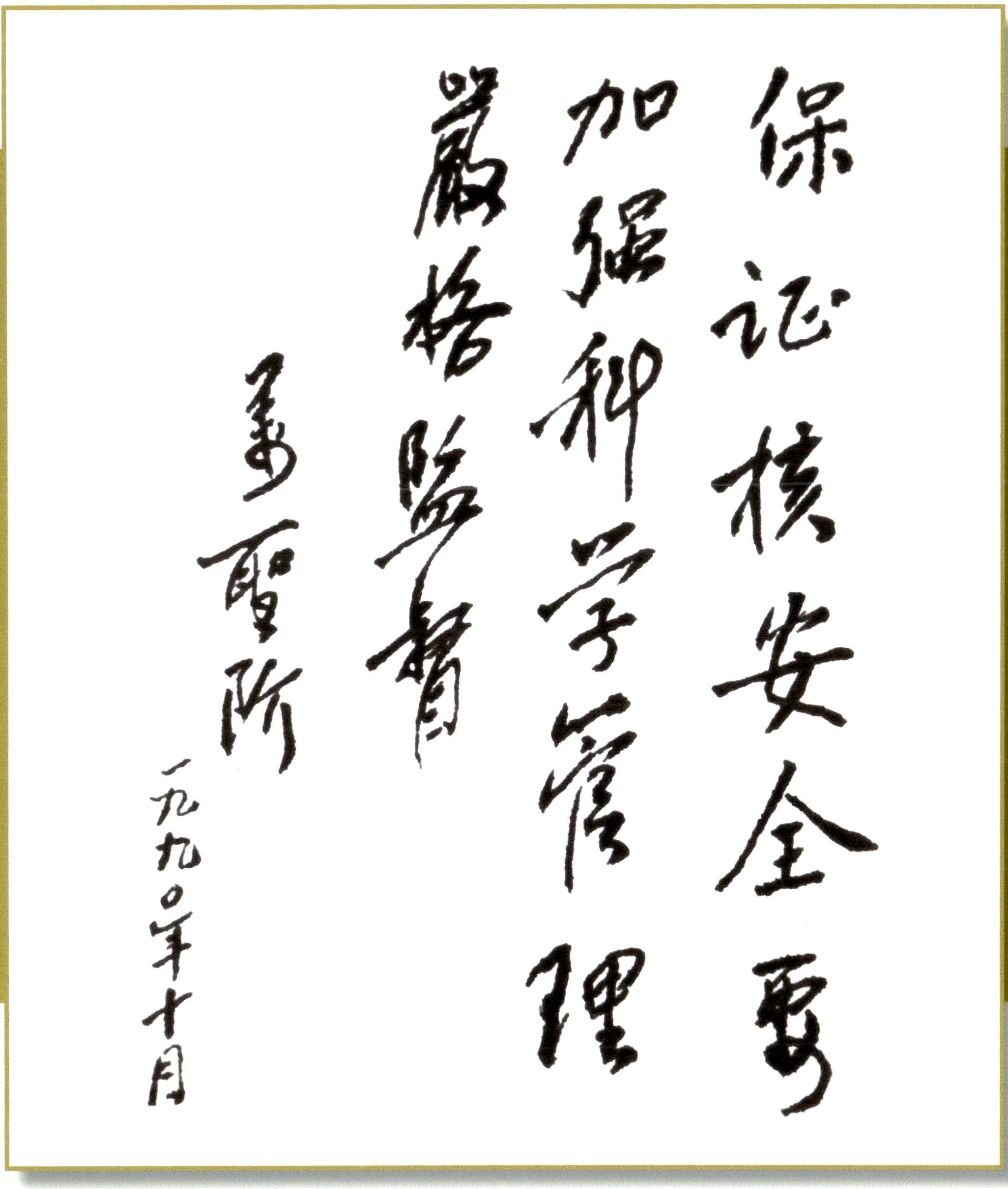

姜圣阶题词

科学管理 夯实基础

1987 年 2 月，姜圣阶（右）在广东大亚湾核电站工地

姜圣阶（前排左四）担任核安全局局长期间，参加国家核安全局专项科技成果鉴定会

1989年12月2日，姜圣阶（前排左三）在一院二所热工室检查工作

1990年7月1—7月6日，姜圣阶（左一）参加北戴河中间后处理厂论证会

第七章

光辉业绩 永载史册

光辉业绩 永载史册

姜圣阶在天津求学期间听从母亲意见迎娶了夫人刘景芝，刘景芝家里是地主，有八个哥哥，在家非常受宠爱，她是缠足妇女，没有文化，但却有优良的品德。由于姜家非常穷，刘景芝就变卖了嫁妆供姜圣阶读书，姜圣阶离家入川、出洋留学，就靠刘景芝一人在家照顾母亲。刘景芝无法生育，四处求医未果，领养了一个四川小孩叫雅礼，但是不幸在姜圣阶赴美国期间罹患白喉夭折。刘景芝后来因为高血压瘫痪，姜圣阶对刘景芝非常好，回国后，把妻子接到南京生活，无论工作多忙，姜圣阶都会抽空陪伴夫人，为了了却夫人“养儿防老”的心愿，他把哥哥的两个孩子接到身边抚养成人。

1976 年，夫人因病去世，姜圣阶在组织的关心下，与尹桂芝结婚。尹桂芝是一名老革命干部，新中国成立后组织上送她到人民大学新闻系深造，毕业后在新闻部门工作。婚后，姜圣阶还是忘我的工作，不吸烟、不喝酒，不爱旅游，连电影都很少看，回家后不是看书看报，就是接待来访者或写东西，吃喝不讲究。他患有高血压等多种老年病，多次病倒，生病期间还在病床上坚持工作，尹桂芝非常理解他，关心他。1992 年 12 月 28 日，姜圣阶在执行公务的途中，因心脏病突发，不幸在重庆去世。

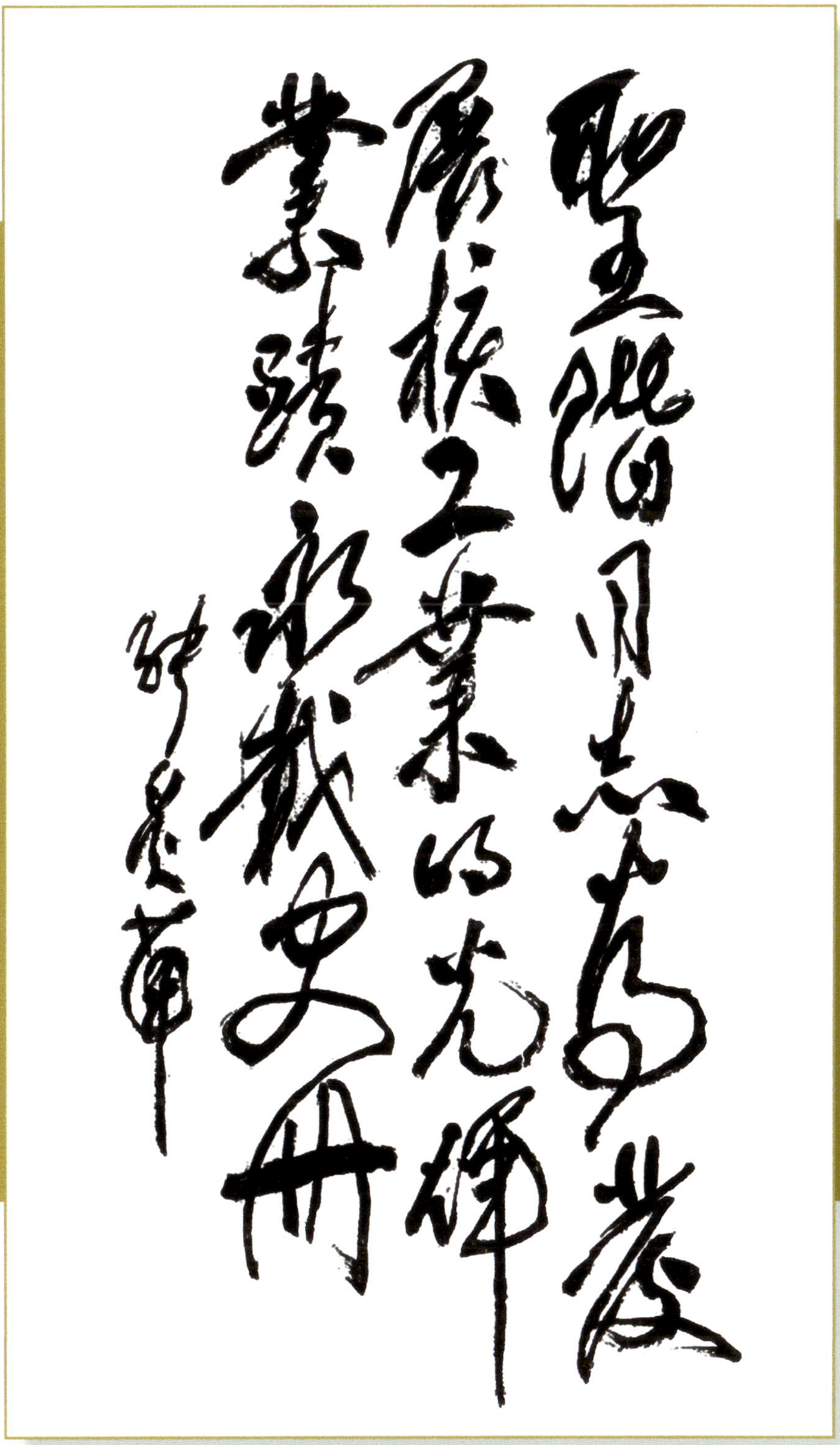

张爱萍为姜圣阶题词

姜圣阶已故夫人刘景芝与侄孙姜光荣

1958 年，姜圣阶（左）与姐夫张革合影

1976 年 1 月，姜圣阶（左三）与亲属和同事合影。

姜圣阶（左）与夫人尹桂芝在北京三里河家中合影

姜圣阶在家中

姜圣阶参加会议

姜圣阶（左二）与侄子（养子）姜琛（左一）及夫人韩梦璋（右一）和他们的孙子姜子闻

1982年，姜圣阶（前排右）与家人合影

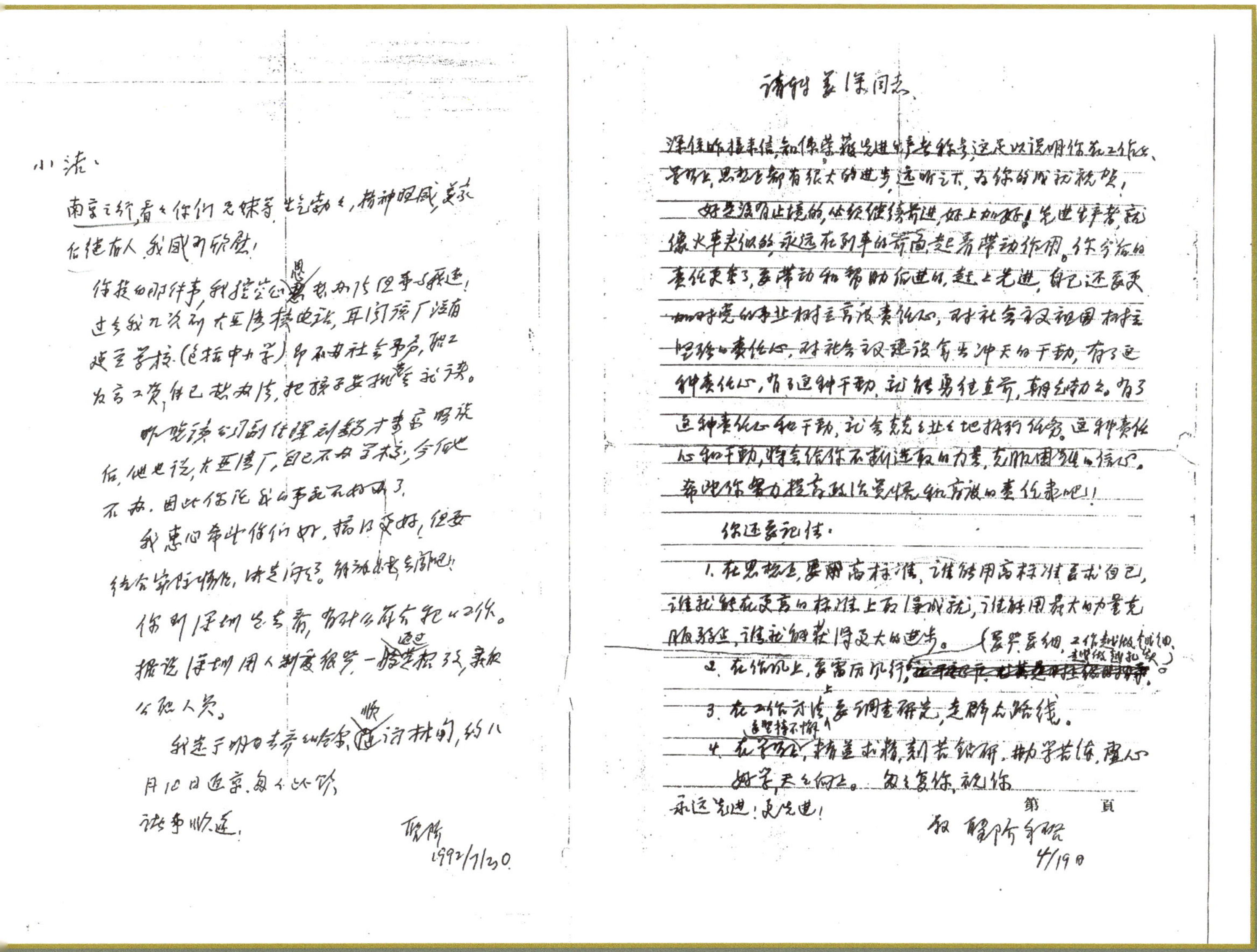

小洪：

南京之行，看看你们兄妹等生气勃勃，精神旺盛，姜家后继有人，我感到欣慰！

你提的那件事，我经常想，但事与愿违！过去我几次到太平洋橡胶厂，再问该厂没有建立学校（包括中小学）[illegible]社会办，职工为高工资，但已[illegible]，把孩子要拖着我[illegible]。

昨晚该公司副经理到[illegible]才来[illegible]，他也说，太平洋厂自己不办学校，今后不办。因此你说我的事是不好办了。

我衷心希望你们好，摘得更好，但要结合实际情况，请先仔细[illegible]吧！

你到深圳去考看，有什么适合自己的工作。据说深圳用人制度很紧，一般通过考试，来取公职人员。

我定于明日去黄山，顺访林间，约八月10日返京。匆匆此阶

诸事顺遂！

圣阶
1992/7/20

请转姜保同志：

深信昨接来信，知你荣获先进生产者称号，这足以说明你在工作上、学习上、思想上都有很大的进步，这听之下，为你的成就称赞！

好是没有止境的，你继续前进，好上加好！先进生产者就像火车头似的，永远在列车的前面起着带动作用。你今后的责任更重了，要带动和帮助后进的，赶上先进，自己还要更加对党的事业树立高度责任心，对社会和祖国树立坚强的责任心，对社会建设有着冲天的干劲，有了这种责任心，有了这种干劲，就能勇往直前，朝气勃勃。有了这种责任心和干劲，就会兢兢业业地执行任务。这种责任心和干劲，将会给你不断进取的力量，克服困难的信心。希望你努力提高政治觉悟和高度的责任感吧！

你还要记住：

1. 在思想上，要用高标准，谁能用高标准要求自己，谁就能在更高的标准上取得成就，谁能用最大的力量克服弱点，谁就能获得更大的进步。（要实、要细，工作越做越细，越做越扎实）

2. 在作风上，要雷厉风行。

3. 在工作方法上，要调查研究，走群众路线。

4. 在学习上要坚持不懈，精益求精，刻苦钻研，勤学苦练，虚心好学，天天向上。匆匆复你，祝你

永远先进！更先进！

第　　頁

叔 圣阶手草
4/19日

姜圣阶写给晚辈的家信，他常常说：“你们是我姜家后人，一定要堂堂正正做人，爷爷没太大本事，靠的就是勤奋和好学，你们一定好好学习，长大了好报效国家！”

姜圣阶（右二）与侄孙子姜光荣（右一）夫妇和重孙合影

姜圣孙女姜光洁撰写的回忆文章如下

扬子石化股份有限公司物资装备部

共　　页第 1 页

姜圣阶爷々有一个哥々和一个姐々，小学毕业离
家上师范学校。师范毕业太爷々和太奶々安排
爷々和不认字大3岁的刘景芝奶々结婚。随后
爷々考入天津河北工学院上大学。因家里贫寒，
上大学期间爷々做助教。刘景芝奶々变卖所有
嫁妆支持爷々上大学。大学毕业南京永利宁厂去
河北工学院招了两名优秀毕业生，爷々到永利宁厂
工作后就把太奶々和刘景芝奶々接到南京生活。
爷々哥々(我的亲爷々)去世早。太爷々在东北带着两个
孙子姜泽和姜璟(姜圣阶侄子)生活。爷々是一个知
恩图报的大善人。刘景芝奶々不生孩子。爷々带奶々
到处求医还带奶々去台湾等地求医，得知刘景芝
奶々是"石女"也不离不弃。抗日战争永利宁厂搬
到四川(永利川)。奶々抱养了一个可爱的小姑娘
(姜雅婷)。爷々奶々特别喜欢这个聪明可爱的小
姑娘。抗战胜利后永利宁厂又回南京了。爷々带着太奶々
刘景芝奶々和小姑(姜雅婷)回南京生活和工作。爷々
又被侯德榜派到美国参加永利湘厂的设计。爷々一边
工作一边刻苦学习考上哥仑比亚研究生院，化学工程
专业。爷々跟我说，在哥大学习时看到核物理是一门
新新学科，学了回祖国可能用的上，爷々就去选修核物理

地址：南京大厂区　　传真：7784421　　911352 2001 12

爷爷是哥伦比亚大学第一个获得科学硕士的学生
爷爷在美国学习期间，小姑姜雅婷得"白喉"在南京
去世，爷爷很是伤心，刘景芝奶奶差点把眼睛哭瞎。
硕士毕业爷爷被哥伦比亚大学录用从事研究工作，
每月900美元（当时是比较高的薪水），但爷爷心系
他的祖国，当有同学告诉爷爷这是最后一班货船
回中国时，爷爷一无返顾用奖学金买了5大箱科技书
带回中国，竟回国后先在天津大学作教授，后又被侯
德榜要到化工部到南化公司工作。
解放前夕太爷爷去世，姜泽和姜琛就成了孤儿
爷爷是有大爱之心的人，1950年爷爷叫刘景芝奶奶去[illegible]
林甸县把两个侄子接到南京当儿子培养，大伯1955年
从中国地质大学毕业分配到新疆地质队工作，
1956年爷爷和侄儿姜泽一起参加第一届全国技科
大会，爷爷非常高兴，爸爸姜琛1959年从上海政法大学
毕业分配到四川人民高级法院工作，爷爷很是开心，
培养两个侄儿都比较优秀，为国家也培养出人才。
天有不测风云，大伯姜泽先被打成"右派"文化大
革命含恨死在新疆，文革后虽然平反了可人没有了，
爸爸姜琛受刺激得了神精分裂症，爸爸从四川回
南化公司工作，爷爷很是伤心，两个侄儿都废了。

地址：南京大厂区　　传真：7784421
911352 2001 12

扬子石化股份有限公司物资装备部

共　　页第 3 页

但爷爷很坚强，仍然用最好的状态投入到工作中。

在爷爷奶奶的帮助下，爸爸姜璪和妈妈韩梦璋在南京结婚了。我1961年、弟弟1963年、妹妹1965年先后在南京大厂出生。因爸爸身体不好，爷爷奶奶一直帮着养育和照顾我们。后来奶奶刘景芝又高血压中风了，家里就更忙不过来了。苏联专家撤走后，核反应堆需要人造出来，化工部长侯德榜向周总理推荐姜圣阶能造出来。刚开始找爷爷时，爷爷有顾虑：①南化公司他工作多年，有他熟悉的化工流程。②当时爷爷已出2本大学教材《合成氨工艺》（这套教材90年代所有化工大学还在用）第三册手稿已完成，后来爷爷实在没有时间弄，把手稿给了他的弟子吴锡军，由她编写了第三册《合成氨工艺学》，吴锡军后来是江苏省副省长。③奶奶身体不好，爸爸生病，三个孙子孙女都很小。但周总理找爷爷谈话后，爷爷说：国家需要我就去干！家里困难自己克服。后来爷爷跟我讲，他快50岁去戈壁酒泉造原子弹，边干边学习都是第一次，吃了很多苦。最后在大家的努力下，原子弹终于爆炸了。几年没有回家探亲的爷爷回南京探亲特别开心，刘景芝奶奶准备许多爷爷爱吃的食品。

爷爷对人特别有爱心，三年自然灾害帮助过许多经济

地址：南京大厂区　　传真：7784421　　911352 2001 12

扬子石化股份有限公司物资装备部

共　　页第 4 页

困难的人。奶奶在家养了一头猪，到春节前杀猪时，爷爷奶奶把大部分的猪肉分给困难的邻居和同事吃。爷爷家一个保姆赵妈在爷爷家干了二十多年，后来人老了就回家了。爷爷只要回家探亲，总要骑自行车坐轮渡带点食品和水果看一看保姆赵妈。刘景芝奶奶一生没有工作，后来全身都是病，每月医药费很多，爷爷出国考察总给奶奶买点进口药。爷爷爱护生病的奶奶，没有把她带到酒泉工作，奶奶身体越来越差，我们当时年幼也帮不上什么忙。刘景芝奶奶七哥孙女、刘秀琴（我的表姐）在齐齐哈尔农村插队没有什么事，就到南京协助保姆一起照顾奶奶。中风的奶奶最后不能讲话、不能走路，~~太~~小便不能自理。最后一次爷爷回南京探亲，刘景芝奶奶拼死要和爷爷去酒泉404厂，1976年1月奶奶在南京去世，爷爷痛哭一场，爷爷自责50年夫妻没有好好照顾奶奶，我当时15岁也跟着爷爷大哭。刘秀琴表姐在爷爷警卫员小范的帮助下，~~[illegible]~~，把孙女改成女儿，姜秀琴到核工部工作（现在已去世）。

爷爷每次回南京探亲都教育我们要好好做人、好好学习，做一个对国家有用的人。在家里要帮奶奶爸爸妈妈干活，要勤奋努力。有一次爷爷回南京探亲，爸爸刚好住院，快60岁的老人夏天冒着倾盆大雨，

地址：南京大厂区　　传真：7784421　　911352 2001 12

扬子石化股份有限公司物资装备部

共　　页第 5 页

南化公司派的吉普车来回5个多小时去看生病的侄儿.
我当时只有13岁跟爷爷一起到医院看爸爸.我每次
想到这里都要流泪.1992年大约6月爷爷最后一次
来南化公司.看到爸爸身体挺好.我们也长大
成家.很是开心。爷爷住南化宾馆接待朋友.让爸爸
坐在他的身边.一坐就是半天真是人间真爱！
姜圣阶爷爷一生双袖清风 把大爱献给的国家.
献给了他的亲人.我们做为姜家的后人要以
爷爷为榜样！好好做人，为祖国做贡献。

孙女：姜老洁

2020年3月5日

注：①我16岁1977年高中毕业.因是标准理工女.语文特差.
所以只能考上.南京师范大学物理系，文笔不好请谅解。
②爷爷的重孙：姜子闻上海大学硕士墨尔本大学硕士双硕士
毕业.现在上海新东方总部海外部工作.

地址：南京大厂区　　传真：7784421
911352 2001 12

光辉业绩 永载史册

1988 年 3 月，姜圣阶（左）在全国第七届人民代表大会期间与时任齐齐哈尔市市长丛福奎合影

1992 年 8 月，姜圣阶（左二）在齐齐哈尔明月岛与姐夫和小学同学等人合影

1992 年 8 月，姜圣阶（左）在齐齐哈尔参观养鹤厂，与陈晓明秘书在一起

姜圣阶晚年在三里河银杏大道

姜圣阶在秦山二期现场题词

光辉业绩 永载史册

姓　　名　姜圣阶
性　　别　男
出生年月　1913年11月
专　　业　化学工程、放射化工、反应堆工程
授予单位
第二机械工业部
编号：二机(高)0001
国务院科学技术干部局

由国务院科学技术干部局颁发的姜圣阶的高级工程师证书

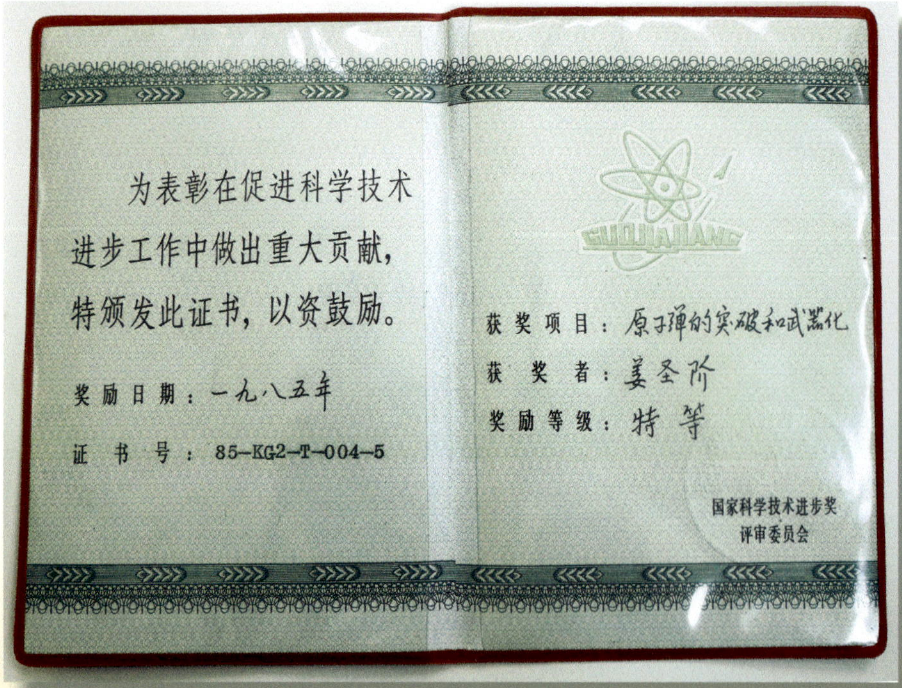
为表彰在促进科学技术进步工作中做出重大贡献，特颁发此证书，以资鼓励。
奖励日期：一九八五年
证书号：85-KG2-T-004-5
获奖项目：原子弹的突破和武器化
获奖者：姜圣阶
奖励等级：特等
国家科学技术进步奖评审委员会

1985 年，姜圣阶获得国家科学技术进步奖特等奖证书

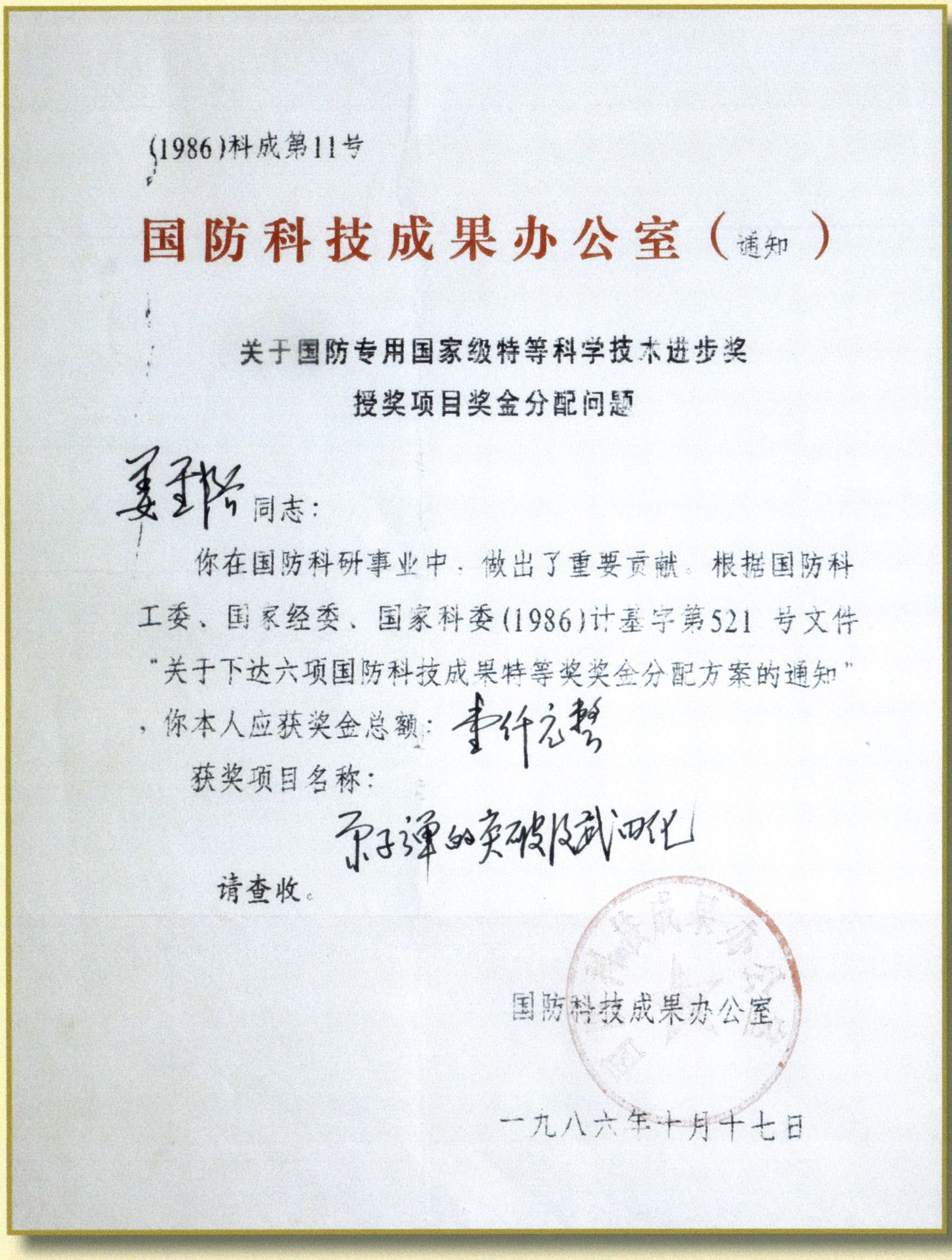

(1986)科成第11号

国防科技成果办公室（通知）

关于国防专用国家级特等科学技术进步奖

授奖项目奖金分配问题

姜圣阶同志：

你在国防科研事业中，做出了重要贡献。根据国防科工委、国家经委、国家科委(1986)计基字第521 号文件“关于下达六项国防科技成果特等奖奖金分配方案的通知”，你本人应获奖金总额：壹仟元整

获奖项目名称：

原子弹的突破及武器化

请查收。

国防科技成果办公室

一九八六年十月十七日

“两弹”核心部件的研制获 1986 年“原子弹的突破及武器化”国家科技进步特等奖

“钚的特殊制作技术”获国家发明二等奖证书与奖章

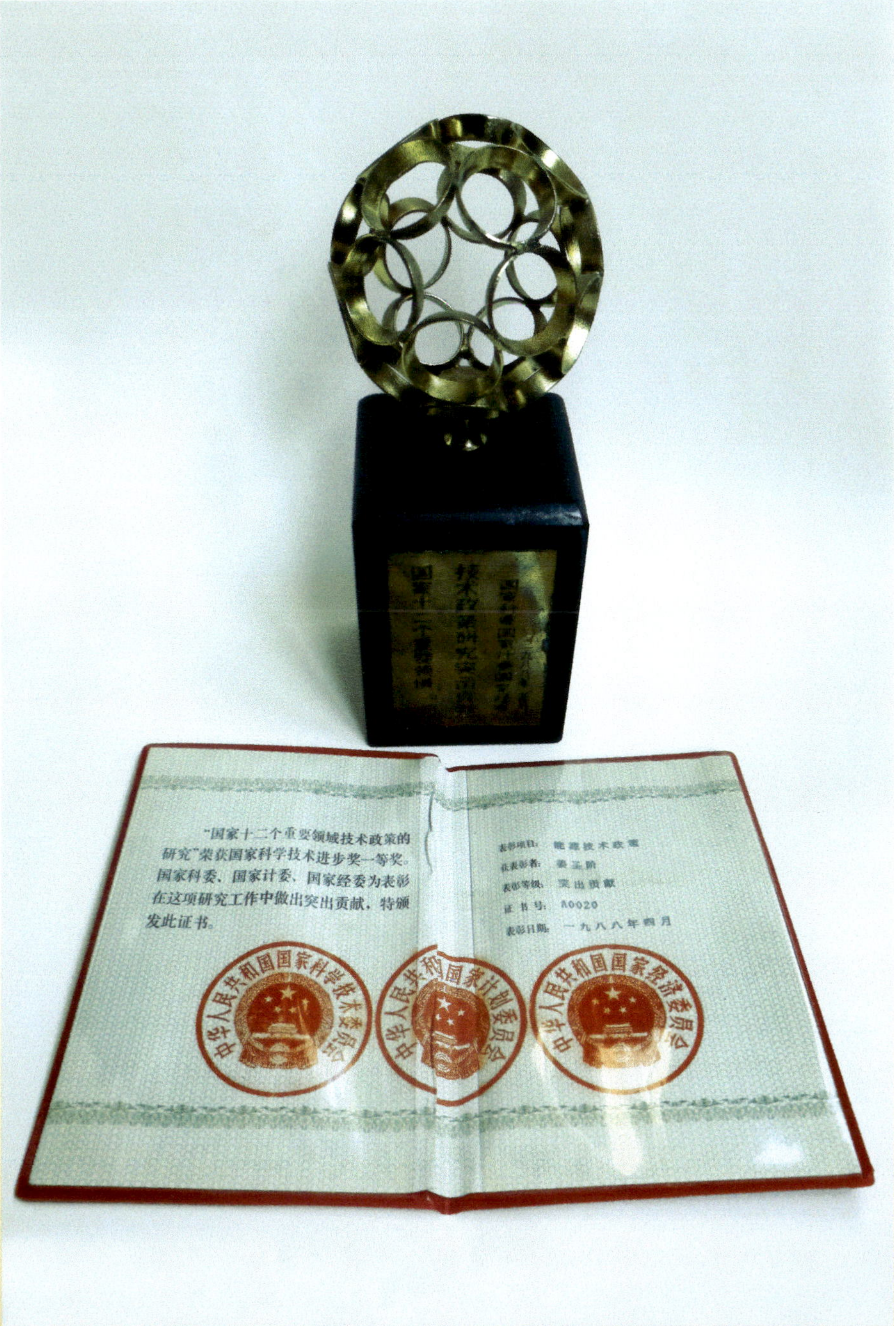

姜圣阶的研究成果“能源技术政策”获得“国家十二个重要领域技术政策的研究”突出贡献奖

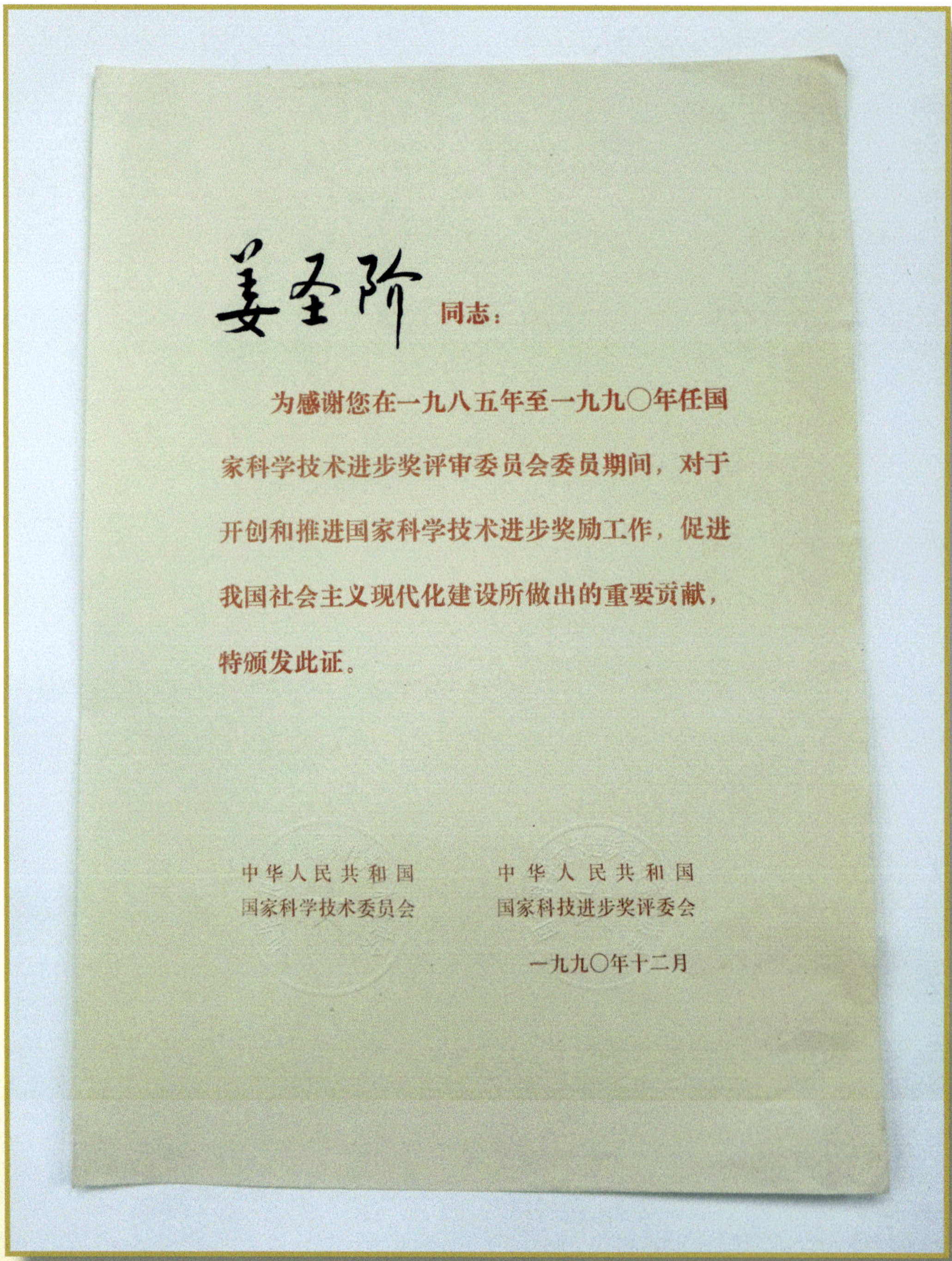

姜圣阶同志：

为感谢您在一九八五年至一九九〇年任国家科学技术进步奖评审委员会委员期间，对于开创和推进国家科学技术进步奖励工作，促进我国社会主义现代化建设所做出的重要贡献，特颁发此证。

中华人民共和国
国家科学技术委员会

中华人民共和国
国家科技进步奖评委会

一九九〇年十二月

姜圣阶于1985—1990年期间，担任国家科学技术进步奖评审委员会委员

1991 年 10 月 1 日，姜圣阶获得中华人民共和国国务院颁发的政府特殊津贴证书

姜圣阶 1991 年当选中国科学院院士证书

光辉业绩 永载史册

《合成氨工学》是中国第一部合成氨方面的专著，这本书的特点是从我国国情出发，实用性强、阐理清楚、由浅入深，是一本力求理论和实践相结合，具有独特风格的参考书

姜圣阶根据多年的工作经验，意识到决策的重要性，于是组织编写了《决策学基础》

年谱

1915 年 11 月 14 日（农历）

姜圣阶生于黑龙江省林甸县

1922—1926 年

黑龙江林甸县第一高小

1926—1930 年

齐齐哈尔市第一师范学校

1930—1932 年

天津河北工学院附属预科

1932—1936 年

天津河北工学院机电系

1936 年 7 月—1937 年 12 月

南京永利硫酸铔厂技术员

1937—1945 年 8 月

四川乐山永利川厂，助理工程师，工程师，制碱部副部长

1945 年 8 月—1947 年 12 月

南京永利宁厂高压合成车间主任、主任工程师

1947 年 12 月—1950 年 10 月

美国哥伦比亚大学研究院，研究生，获科学硕士学位

1950 年 10 月—1959 年 6 月

南京永利宁厂副厂长兼总工程师

1956 年

加入中国共产党

1959年6月—1962年12月

南京化学工业公司副总经理兼总工程师、华东化工研究设计院院长兼总工程师

1962年12月—1975年12月

二机部酒泉原子能联合企业第一副厂长兼总工程师、基建指挥部副总指挥

1975年12月—1977年4月

二机部二局主要负责人，核燃料局局长

1977年4月—1982年

二机部副部长、党组成员

1982—1988年

核工业部党组成员，科技委主任

1984年8月—1988年7月

国家核安全局局长

1980—1990年

中国核学会副理事长、理事长

1988—1992年

核工业总公司科技顾问，中国核学会名誉理事长

1991年

当选为中国科学院院士（学部委员）

1992年12月28日

在重庆逝世

后 记

六十五年来，几代核工业人艰苦创业、开拓创新，推动我国核工业从无到有、从小到大，取得了世人瞩目的成就，为国家安全和经济建设作出了突出贡献。在几代核工业人之中，核科学家无疑是其中最引人注目的群体之一。

2019 年，中共中央办公厅国务院办公厅印发《关于进一步弘扬科学家精神加强作风和学风建设的意见》，指出要引导广大科技工作者在践行社会主义核心价值观中走在前列，争做重大科研成果的创造者、建设科技强国的奉献者、崇高思想品格的践行者、良好社会风尚的引领者。为了响应号召，进一步弘扬科学家精神，我们组织编写《中国核学会科学家画册》系列丛书，通过讲述核科学家的故事，更生动地诠释科学家精神，感受他们心底的那份对祖国的爱、对家人温暖和对事业的执着。

在本书的编写过程中，通过走访家属，拍摄了一些珍贵的照片，对于照片的说明词，也是一再斟酌核对，由于时代久远，我们查找了多本文献资料，对于不一致的地方进行了实地走访核查，本画册得到了姜圣阶夫人尹桂芝、侄孙女姜光洁、侄孙姜光荣、林甸往事微信公众号平台创办人张立新、仙鹤摄影人吴志林、杨新英老师、四〇四厂王华老师、四川乐山五通桥区委宣传部、东风电器有限公司提供的宝贵资料、河北工业大学以及南京化学工业公司的大力支持，并对相关人员提出感谢。